This is
Gauguin

디스 이즈 고갱

초판 1쇄 인쇄 2014년 12월 20일
초판 1쇄 발행 2014년 12월 30일

지은이 조지 로담
일러스트레이션 슬라와 하라시모비치
옮긴이 문희경
펴낸이 김지훈
펴낸곳 도서출판 어젠다

출판등록 2012년 2월 9일 (제406-2012-000007호)
주 소 경기도 파주시 광인사길 217(파주출판도시)
전 화 (031)955-5897 | 팩스 (031)945-8460
이메일 agendabooks@naver.com

ISBN 978-89-97712-19-9 03600
이 도서의 국립중앙도서관 출판시도서목록(CIP)은 e-CIP홈페이지(http://www.nl.go.kr/ecip)와
국가자료공동목록시스템(http://www.nl.go.kr/kolisnet)에서 이용하실 수 있습니다.(CIP제어번호: CIP2014035179)

This is Gauguin

디스 이즈 고갱

글 **조지 로담**George Roddam
일러스트레이션 **슬라와 하라시모비치**Sława Harasymowicz
옮김 **문희경**

AgendA

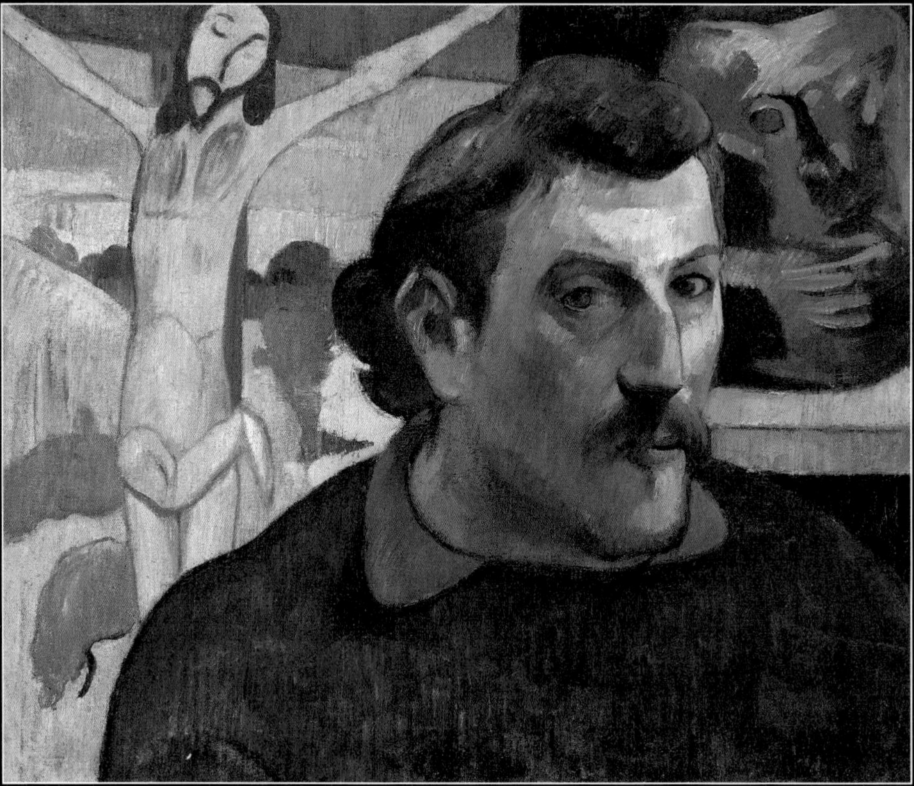

황색 그리스도가 있는 자화상

Portrait of the Artist with the Yellow Christ

폴 고갱, 1890-91

캔버스에 유화

38 × 46 cm (15 × 18 1/8 in)
오르세 미술관, 파리

고갱에게 예술가란 예지력으로 사물의 외양 너머를 보고 삶의 심오한 신비를 알아챌 수 있는 사람이었다. 1890-91년의 자화상에서 고갱은 골똘히 노려보면서 짙은 눈동자로 우리를 꿰뚫어보고 우리의 영혼을 가만히 들여다보는 듯하다. 뒤에는 그의 작품 두 점을 배치하여 그가 스스로를 어떻게 생각하는지 우리에게 이야기한다.

왼쪽에 있는 〈황색 그리스도Yellow Christ〉는 고갱이 스스로를 순교자이자 – 고갱은 평생토록 그의 작품세계를 이해하지 못하는 사람들과 싸우면서 보냈다 – 신의 경지에 오른 창조력을 지닌 예술가로 여긴다는 사실을 보여준다. 오른쪽으로 그의 얼굴을 거칠게 새긴 광택 나는 도자기가 보인다. 고갱은 1890년에 친구 에밀 베르나르Émile Bernard에게 보내는 편지에서 이 도자기는 "지옥의 가마에서 구워져서" 마치 "단테의 지옥 여행을 엿보는" 것 같다고 썼다. 생의 대부분을 지상낙원을 찾으면서 보낸 고갱이지만 이 도자기에는 그가 영감을 얻은 예지자로서 존재의 기쁨과 슬픔을 모두 목도한 사실이 여실히 드러난다.

질풍노도의 출생

외젠 앙리 폴 고갱Eugène Henri Paul Gauguin은 1848년 6월 7일에 태어났다. 평생 싸우면서 살아야 하는 운명의 전조인 양 얼마 후 그의 집 앞 거리에 투쟁의 함성이 울려 퍼지면서 정부군과 노동자가 충돌하여 1만 여 명이 죽거나 다쳤다. 프랑스의 정치 투쟁으로 고갱의 가족도 난관에 봉착했다. 급진적 언론인이던 아버지 클로비스Clovis가 당국으로부터 요주의 인물로 찍혀서 일자리를 구하기 힘들어졌다. 고갱의 어머니 알린Aline에게도 격동의 가족사가 있었다. 알린은 아버지가 유명한 여성해방 운동가였던 아내 플로라 트리스탕Flora Tristan을 죽이려한 혐의로 유죄 판결을 받은 과정을 지켜보았다.

유명한 가문

고갱은 외가 쪽 조상들 자랑을 자주 했다. 특히 외할머니 트리스탕을 자랑스럽게 여겼다. 고갱은 종종 다소 보수적인 지인들에게 외할머니가 전국을 누비면서 사회주의와 여성평등과 자유연애를 설파한 이야기를 들려주고 그들이 충격을 받는 모습을 즐겼다. 트리스탕의 아버지가 스페인의 식민지 페루 부왕령副王領에서 식민지 총독을 지낸 터라, 고갱은 페루의 식민지 총독과 스페인 귀족 보르자 가문을 그의 조상으로 꼽았다. 그는 또한 자기에게는 잉카인과 남태평양 제도 사람들의 피가 흐른다고 주장했다. 그는 자기가 유럽인과 비유럽인의 혼혈이라는 생각에 사로잡혀서 "나는 아라곤의 보르자 가문 출신이지만 미개인이기도 하다."라고 당당히 밝혔다.

페루에서의 어린 시절

고갱이 한 살일 때 그의 가족은 친척들이 있는 페루에 가서 살려고 프랑스를 떠났다. 아버지 클로비스는 항해 중에 심장마비로 사망했는데, 고갱은 그 일을 선장의 잘못으로 돌리고 훗날 그를 "악랄한 작자"라고 부른다.

고갱과 그의 어머니와 누이는 페루의 수도 리마에서 어머니의 부유한 종조부인 돈 피오 트리스탕 이 모스코소Don Pio Tristan y Moscoso에게 환대를 받았다. 구아노*와 초석硝石, 질산칼륨으로 큰돈을 번 백아홉 살의 돈 피오는 어린 손자들에게서 큰 기쁨을 얻었다. 그는 고갱의 가족에게 살 집을 마련해주고 흑인 하녀와 중국인 하인 소년을 붙여주었다.

* 바닷새의 배설물로 비료의 원료

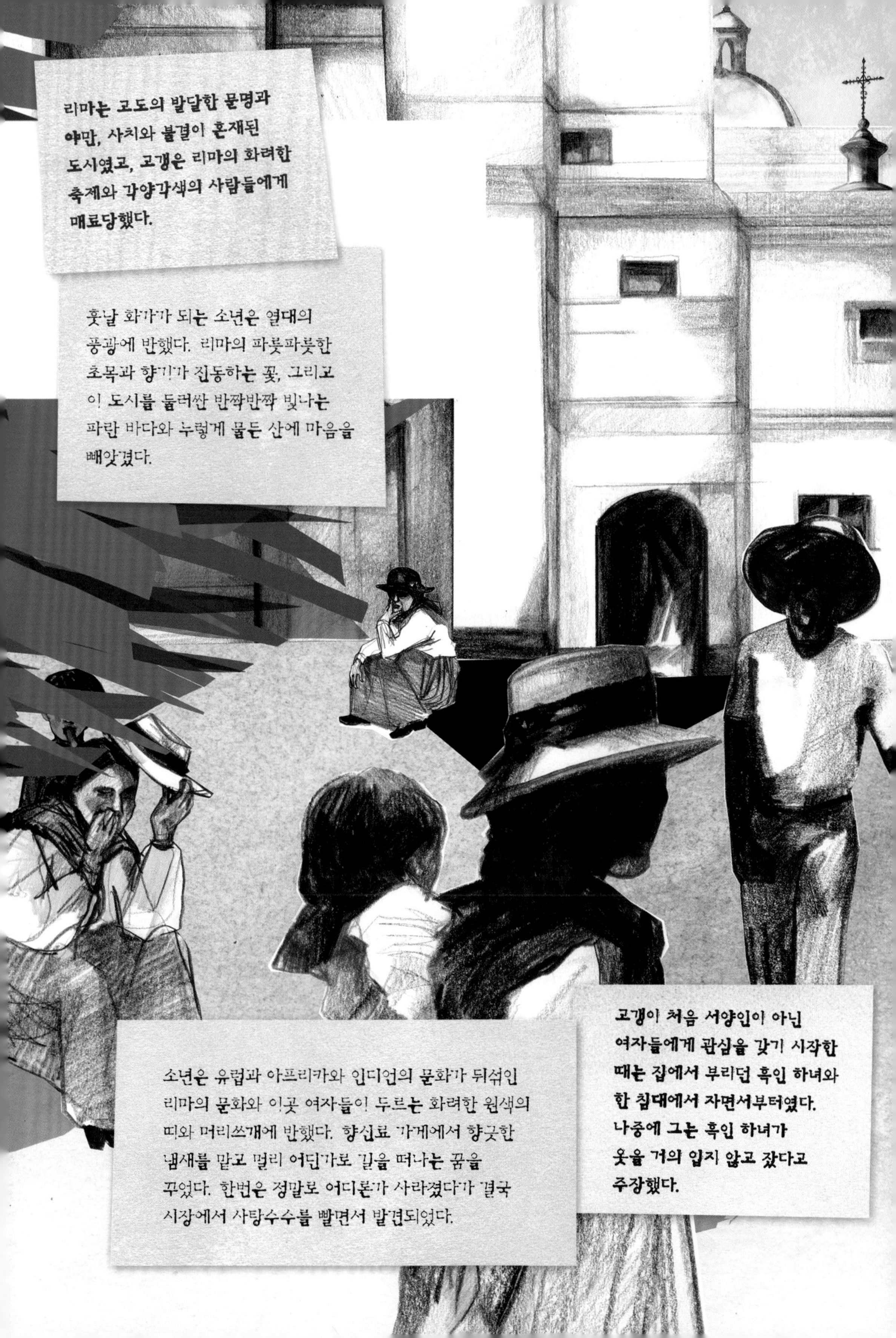
리마는 고도의 발달한 문명과 야만, 사치와 불결이 혼재된 도시였고, 고갱은 리마의 화려한 축제와 각양각색의 사람들에게 매료당했다.
훗날 화가가 되는 소년은 열대의 풍광에 반했다. 리마의 파릇파릇한 초목과 향기가 진동하는 꽃, 그리고 이 도시를 둘러싼 반짝반짝 빛나는 파란 바다와 누렇게 물든 산에 마음을 빼앗겼다.
고갱이 처음 서양인이 아닌 여자들에게 관심을 갖기 시작한 때는 집에서 부리던 흑인 하녀와 한 침대에서 자면서부터였다. 나중에 그는 흑인 하녀가 옷을 거의 입지 않고 잤다고 주장했다.
소년은 유럽과 아프리카와 인디언의 문화가 뒤섞인 리마의 문화와 이곳 여자들이 두르는 화려한 원색의 띠와 머리쓰개에 반했다. 향신료 가게에서 향긋한 냄새를 맡고 멀리 어딘가로 길을 떠나는 꿈을 꾸었다. 한번은 정말로 어디론가 사라졌다가 결국 시장에서 사탕수수를 빨면서 발견되었다.

다시 프랑스로

고갱의 어머니는 1855년 초에 시아버지의 임종을 맞아 자식들을 데리고 프랑스로 돌아갔다. 페루에서 돈 피오에게 물려받은 유산을 순식간에 다른 친척들에게 빼앗기고 고갱의 가족은 궁핍한 처지가 되었다. 오를레앙에서 클로비스의 형제인 이시도르 삼촌과 함께 살면서 고갱은 그 지역 학교에 다녔다. 타국에서 어린 시절을 보낸 고갱은 여느 아이들과 달라서 주로 혼자 페루에 두고 온 삶을 꿈꾸거나 주머니칼로 단도의 칼자루에 조각을 새기면서 지냈다. 그때 만든 어린아이다운 조각을 보고 이웃사람 하나가 "앞으로 훌륭한 조각가가 될 것이다."라고 말했고, 이런 칭찬이 어린 고갱에게 깊은 인상을 남겼다. 교사들은 고갱이 재능 있는 아이이긴 하지만 조금 이상하다고 여겼다. 어느 교사는 "저 아이는 바보가 되거나 천재가 될 것이다."라고 말했고, 고갱은 훗날 두고두고 이 예언을 언급했다.

방랑자 고갱

열일곱 살이 된 고갱은 제약이 많은 지방 생활을 갑갑해하고 열대의 환희를 추억하면서 바다에 나가기로 결심했다. 어머니는 배를 타고 페루로 가던 길에 남편을 잃은 기억 때문인지 아들을 극구 만류했지만 고갱은 이미 결심을 굳혔다. 영국해협의 르아브르 항구에서 르아브르와 리우데자네이루를 오가는 '루지타노Luzitano 호'에서 견습 도선사로 일하기 시작했다. 이후 6년 가까이 해군에 남았고, 그중 3년간 해군으로 복무했다. 고갱은 세계의 바다를 휘젓고 다니면서 남아메리카와 카리브 해부터 인도와 북극해에 이르기까지 여러 항구를 방문했다. 그는 특히 남반구 바다에서 항해하는 것을 좋아했는데, 그곳에서는 페루의 온화한 기후와 다채로운 색깔에 대한 향수가 떠올라서였다. 고갱은 열대의 삶은 인간의 필요와 욕구에 더 충실한 삶이라고 믿었다. 그는 장 자크 루소Jean-Jacques Rousseau의 책을 탐독했다. 루소는 소위 서구문명은 인간들이 사유재산과 일부일처제에 대한 질투심으로 분열하면서 사실상 몰락했다고 주장한 철학자였다. 고갱은 루소처럼 문명이 덜 발달한 세계에서는 사람들이 고귀한 야만인으로 살면서 음식과 사랑을 서로 자유롭게 함께 나눈다고 믿었다. 언젠가는 자기도 그렇게 살 수 있기를 꿈꾸었다.

번듯한 직업인

고갱의 어머니는 아들이 아직 바다에 나가있을 때 세상을 떠났다. 아들은 뒤늦게 돌아와서 장례식에도 참석하지 못했다. 그는 해군을 그만두고 파리 근교에서 집안의 친구인 귀스타브 아로사Gustave Arosa와 함께 지냈다. 아로사는 예술품을 다수 수집했는데, 고갱은 아로사의 집을 장식한 귀스타브 쿠르베Gustave Courbet, 외젠 들라크루와Eugène Delacroix, 오노레 도미에Honoré Daumier의 작품을 감상하면서 현대미술에 관심을 보이기 시작했다. 아로사는 아는 사람을 통해 고갱에게 파리의 베르탱 증권거래소에서 주식중개인으로 일하도록 일자리를 주선해주었다. 고갱은 주식중개인으로 잘 나갔지만 그 생활이 오래 가지는 않았다. 베르탱에서 일하던 시절에 그는 메테 가트Mette Gad라는 젊은 덴마크 여자를 만났다. 코펜하겐의 명망 있는 부르주아 집안 출신인 메테는 때마침 역시 덴마크의 부유한 기업가의 딸인 마리 히고르Marie Heegaard라는 친구와 함께 파리에서 살고 있었다. 메테는 상대를 꿰뚫어보는 것 같은 고갱의 짙은 눈동자에 끌리고 고갱이 들려준 외가의 사연과 해군 시절 이야기에 강한 인상을 받았다. 메테는 주식중개인인 고갱이 믿음직하고 번듯한 남편이 되어줄 거라고 믿었다. 두 사람은 1873년에 결혼식을 올렸고, 얼마 후 메테가 그들의 다섯 자녀 중 첫째를 낳았다. 고갱은 다섯 자녀 중에서 알린이라는 딸을 제일 아꼈다.

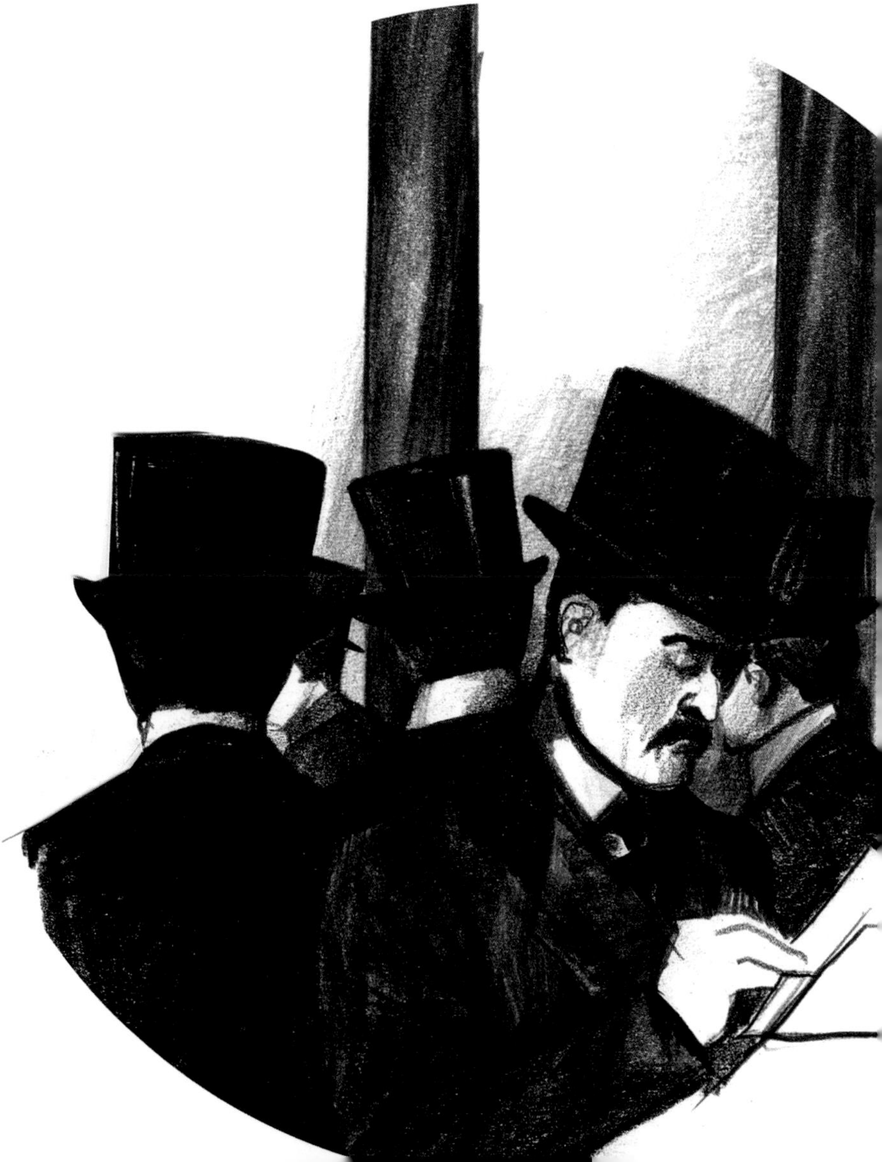

예술에서 위안을 얻다

고갱을 안전망으로 여겼던 메테의 판단은 틀렸다. 고갱은 결혼한 후에도 주식중개인의 생활을 갑갑해하기 시작했다. 갈수록 예술에서 단조로운 삶의 돌파구를 찾았다. 1872년에 베르탱에서 같이 일하던 동료들 중에 화가를 꿈꾸던 에밀 슈페네커Émile Schuffenecker와 친구가 되었다. 두 친구는 함께 프랑스 정부의 현대미술 수집품이 전시된 루브르와 뤽상부르 궁전을 찾아다녔다. 고갱이 여가시간에 주로 예술가 친구들과 어울리기 시작하자 메테는 혼자서 아이들을 키워야 했다. 메테로서는 더욱 실망스럽게도 고갱에게 화가의 삶을 시작해보라고 부추긴 사람은 그녀의 형부인 노르웨이 화가 프리츠 테울로브Fritz Thaulow였다.

인상주의

고갱은 빨리 배우는 사람으로서, 초기작 – 예를 들어 무표정한 얼굴로 냉담한 부부관계를 드러낸 대리석 조각의 아내의 흉상 – 은 다소 전통적이기는 해도 뛰어난 기량을 보여주었다. 하지만 머지않아 보다 진보적인 미술에 흥미를 품고 파리에서 최첨단을 걷는 화가들의 작품을 과감하게 전시하는 일부 앞서가는 화랑들을 찾아다녔다. 화상 뒤랑 뤼엘Durand Ruel의 화랑들과 독립적인 정신의 화상으로 폴 세잔Paul Cézanne 같은 화가들의 작품을 남보다 먼저 사들이는 페르 탕기Père Tanguy의 화랑에서 에두아르 마네Édouard Manet와 인상주의 화가들의 작품에 감탄했다. 고갱은 주식중개인으로 일하면서 번 돈으로 인상주의 작품을 사들이고 작품을 연구해서 작가들의 화법畫法을 습득했다. 얼마 후부터는 인상주의 화가들이 모여서 최근의 예술적 발전에 관해 토론하던 누벨 아테네Nouvelle Athènes 같은 카페에서 저녁 시간을 보냈다. 고갱은 모임의 말석에 앉아서 새로운 동료들의 말에 귀를 기울였다. 기품 있는 에드거 드가Edgar Degas는 늘 검은 옷을 말쑥하게 차려 입었고, 친절한 카미유 피사로Camille Pissarro는 긴 수염이 이미 허옇게 새기 시작했고, 클로드 모네Claude Monet는 화가의 베레모를 자주 썼고, 오귀스트 르누아르Auguste Renoir는 특이한 염소수염을 길렀고, 세잔은 침울하고 거의 말이 없었다. 당시 인상주의의 주축이던 세잔은 더 나아가 고갱처럼 후기 인상주의의 위대한 화가 중 한 사람이 되었다.

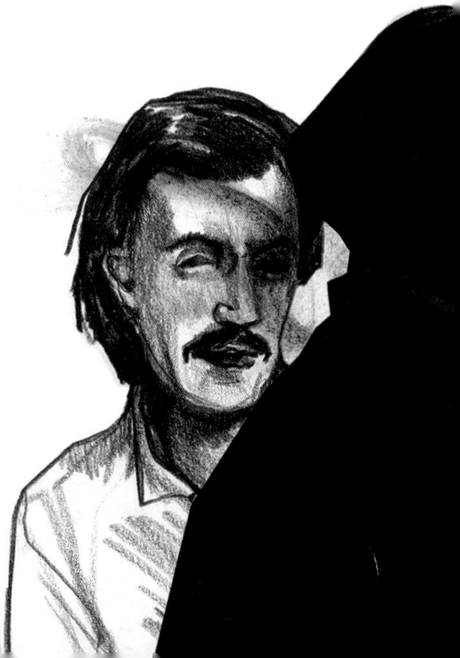

예술적 경쟁

19세기 후반에 파리의 미술계는 예술적 경쟁으로 분열되었다. 경쟁이 치열한 아방가르드 운동 사이에 갈등이 끊이지 않았고, 평론가들은 각자 좋아하는 화가들을 홍보했다. 평론가들은 대체로 인상주의에 적대적이었지만, 1880년에 고갱이 인상주의 화가들과 함께 전시에 초청받은 무렵에는 소동이 가라앉기 시작했다. 가장 유명한 인상주의 화가이자 인상주의의 기반을 다진 모네와 르누아르는 고갱과 같은 공간에서 전시하기를 거부하고 전시장에서 작품을 철거했다. 두 거장이 보기에 고갱은 진지한 화가가 아니라 그저 그들의 독창적 아이디어를 빼가는 사람일 뿐이었다. 다른 화가가 몰래 아이디어를 훔쳐갈지 모른다는 불안감은 당시 흔한 현상이었다. 미술계에서는 독창적인 회화기법을 만들어낸 화가로 인정받아야 명성을 쌓을 수 있었다. 사실 몇 년 후 고갱도 젊은 화가들이 그의 아이디어를 자기네 것이라고 주장할까봐 전전긍긍한다.

모네와 르누아르가 고갱을 단순한 추종자라고 비난한 일은 사실 공정하지 않았다. 그 시기에 제작된 고갱의 작품에는 생명력과 활력이 넘쳤다. 그러나 아직 그만의 양식을 정립하지 못한 것은 사실이다. 고갱도 인상주의 화가들의 참신한 아이디어에 의존하는 자신을 농담거리로 삼으면서 피사로에게 보내는 편지에 동료 화가 세잔에 관해 이렇게 썼다. "세잔이 그의 '감각들'의 과장된 표현을 하나의 독특한 방식으로 응축하는 방법을 찾아내면 부디 잠결에 털어놓게 하고 … 최대한 빨리 파리로 와서 저희에게 남김없이 전해주세요." 물론 농담으로 쓴 편지였다. 사실 고갱은 그림이 어떤 비밀스런 공식으로 이루어져서 그 공식을 훔칠 수 있다고 믿지 않았다. 그러나 세잔은 고갱의 위협을 진지하게 받아들였다. 그는 고갱의 편지에 관해 전해 듣고 불쾌하게 여겼다. 세월이 흘러 고갱이 타히티로 떠났을 때도 세잔은 여전히 걱정하면서 고갱이 이제는 남태평양에 가서 그의 '감각'을 써먹으려 한다고 불평했다.

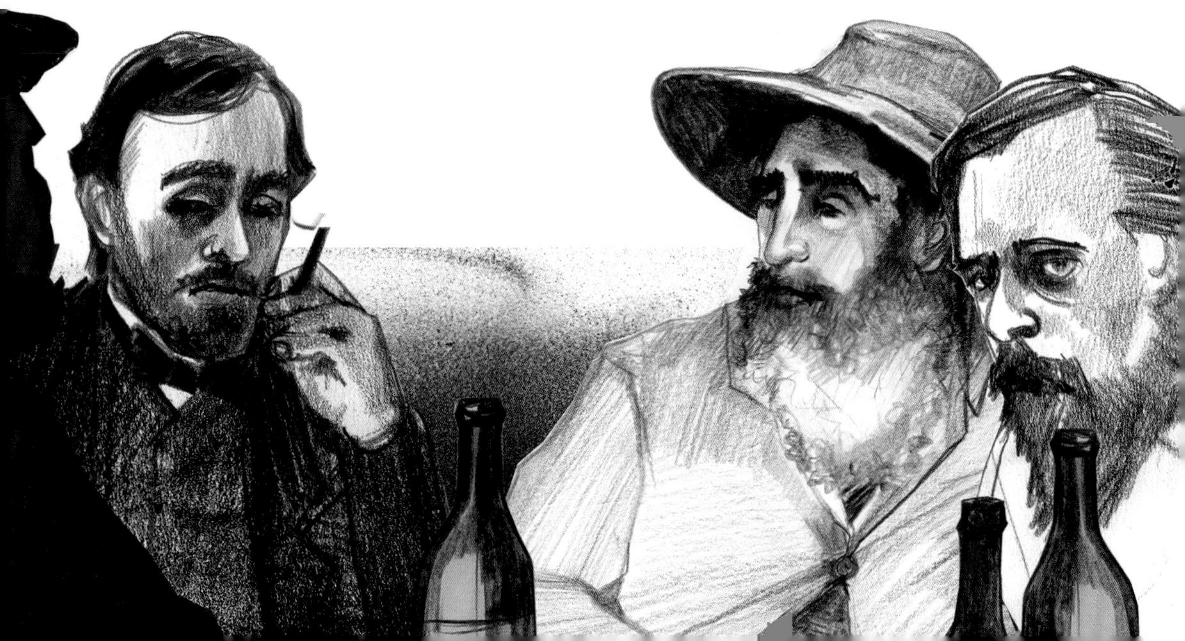

〈누드 습작〉

인상주의 화가들은 눈에 보이는 주위의 삶을 그리려 했지, 따분하게 옛 거장의 그림이나 모사하려고 하지 않았다. 그들은 파리에서든 파리 근교의 전원에서든 특히 현대적 삶의 모습에 관심이 많았다. 인상주의는 눈에 비친 그대로 그리면서 자신의 망막에 남은 인상을 세상의 색채로 화폭에 옮기는 데 목표를 두었다.

1881년 제 6회 인상주의 전시회에 전시된 고갱의 〈누드 습작Nude Study〉에는 인상주의 화가들의 목표가 담겨 있다. 고갱은 이상적인 누드를 그리지 않았다. 대신에 주로 그가 본 장면, 이를테면 현대풍의 실내에서 일상적인 일에 몰두하는 평범한 여인을 그렸다. 〈누드 습작〉의 몇 가지 요소에는 일부러 '예술적'으로 보이려는 의도가 엿보인다. 이를테면 벽에 걸린 류트*는 아마 고갱이 그려 넣은 요소일 것이다. 자유분방한 예술가의 삶을 보여주려는 다소 진부한 장치로, 이런 예스러운 악기들은 이전 세대의 낭만주의 화가들의 작품에 자주 등장했다. 하지만 이렇게 다소 고풍스런 요소만 빼놓고 보면 고갱의 작품은 단연 현대적이었다. 인상주의 기법에 따라 자연광이 장면을 비추는 방식을 면밀히 관찰하면서 여인의 나신에 드리운 다채로운 빛깔의 그림자와 여인의 무릎이 하얀 시트에 드리운 푸르스름한 그림자를 표현했다. 인상주의의 핵심 원리 중에서 그림자는 검지 않고 주변의 빛의 특성에 따라 다채로운 색을 띤다는 원리가 있다. 인상주의에서는 자연광은 태양에서 나오기 때문에 약간 노란색을 띠고 그림자에도 푸르스름한 기운이 섞여 있다고 보는데, 파란색은 색상환色相環의 정반대에 위치한 노란색의 보색이기 때문이라고 설명한다.
〈누드 습작〉은 모네와 르누아르와 여러 인상주의 화가들의 그림처럼 색채가 밝다. 그리고 고갱은 인상주의 특유의 빠른 붓질로 장면 전체에서 빛이 순간적으로 반짝이는 모습을 표현했다.

그림 속 여인은 아마 고갱의 집에서 일하던 하녀 쥐스탱이었을 것이다. 남편이 그림에 몰두하는 시간이 못마땅했던 메테가 직업 모델을 부르지 못하게 한 터였다. 남편이 바람을 피울까봐 두려웠던 듯하다. 하지만 이 그림을 보고는 쥐스탱을 집에서 쫓아냈다.

* 14-16세기에 유럽에서 유행한 현악기

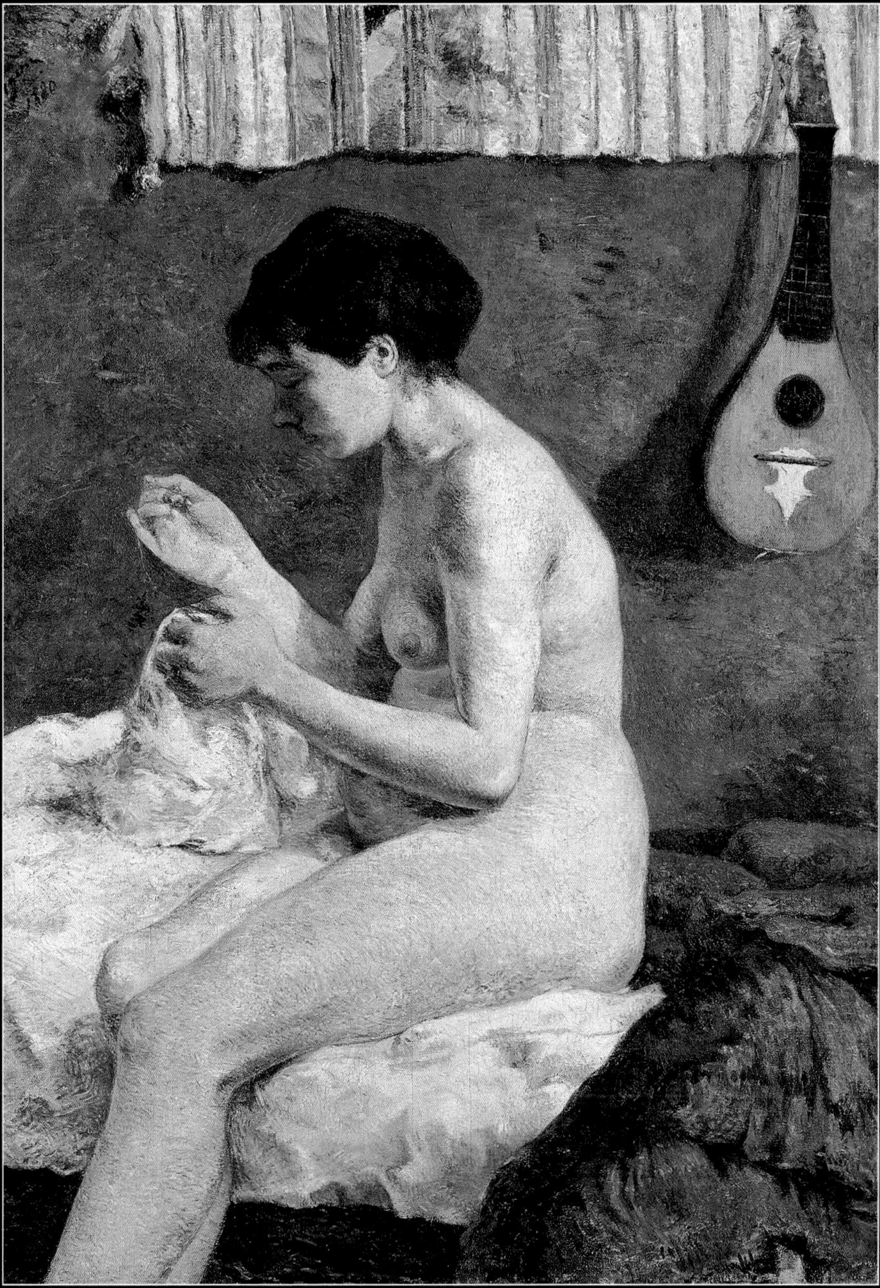

누드 습작(바느질하는 여인)
Nude Study(Woman Sewing)

폴 고갱, 1880

캔버스에 유채

114 × 79.5 cm (45 × 31 3/8 in)
뉘 칼스베르그 글립토테크, 코펜하겐

중대한 결정

〈누드 습작〉은 영향력 있는 평론가들의 눈에 들어서 인체를 사실적으로 묘사하고 동시대의 평범한 여인의 모습에 주목했다는 칭찬을 받았다. 이 작품의 성공으로 한껏 고무된 고갱은 1883년에 중대 결정을 내렸다. 파리 증권 시장이 붕괴한 이후에도 베르탱의 일자리는 아직 안전했지만, 고갱은 주식중개업을 그만두고 1년 동안 그림에 몰두하기로 마음먹었다. 메테는 불같이 화를 냈다. 다섯째 아이 출산을 앞두고 있던 그녀는 남편이 이기적으로 책임을 방기한다고 여겼다.

화가의 삶

고갱은 금융계의 직장을 그만두고 해방감을 만끽했다. 꾸준히 인상주의 실험을 해나가고 피사로에게 지도를 받으면서 '앙 플렝en plein', 곧 야외 풍경을 그리는 데 몰두했다. 그러나 화가로서의 삶이 그리 녹록치는 않았다. 그림을 사주는 사람은 없고 파리는 생활비가 비싸서 버티기 힘들었다. 피사로가 새로운 그림 주제를 찾아서 노르망디의 루앙이라는 도시로 옮기자 고갱도 따라갔다. 루앙에서는 생활비를 적게 들이고 살 수 있었다. 우선 집세가 파리보다 훨씬 쌌다. 고갱은 내심 루앙 사람들은 현대미술을 많이 접하지 못했을 테니 파리의 평론가들보다는 그의 작품에 더 강한 인상을 받을지 모른다는 희망을 품었다. 헛된 희망이었다. 귀스타브 플로베르Gustave Flaubert가 소설 〈보바리 부인Madame Bovary〉에서 조롱한 유명한 이야기처럼, 루앙 사람들은 특유의 고루한 취향으로 모든 종류의 예술적 혁신에 불만을 품었고, 특히 인상주의는 대다수 루앙 주민들에게 지나치게 현대적으로 보였다. 고갱은 작품을 팔지 못해서 쪼들리기 시작했고, 기가 죽은 채 코펜하겐으로 옮겨서 메테와 다시 합쳤다.

코펜하겐의 생활은 처참했다. 고갱과 메테는 생활고뿐 아니라 영영 꺼지지 않는 화가에 대한 열망 때문에 끊임없이 다투었다. 고갱은 압박에 못 이겨서 이런저런 일을 시도해 보았다. 방수포 영업사원으로 일하면서 돈 문제가 해결되기를 바랐다. 심지어 사업을 확장해서 세계로 진출할 계획까지 세웠다. 하지만 그에게는 그림을 팔지 못한 만큼 방수포를 파는 재주도 없었고, 모든 계획은 수포로 돌아갔다.

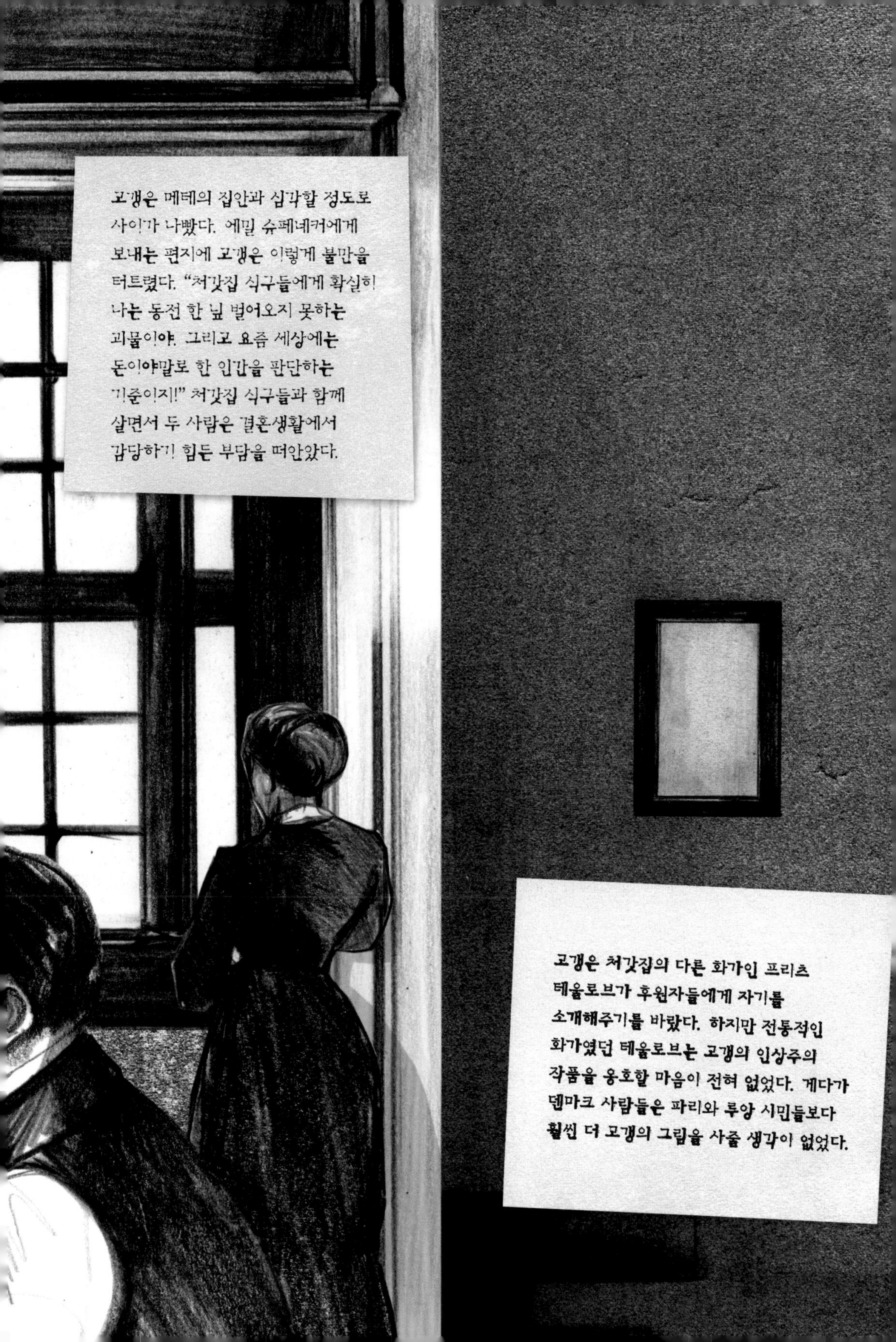
고갱은 메테의 집안과 심각할 정도로 사이가 나빴다. 에밀 슈페네커에게 보내는 편지에 고갱은 이렇게 불만을 터트렸다. "처갓집 식구들에게 확실히 나는 동전 한 닢 벌어오지 못하는 괴물이야. 그리고 요즘 세상에는 돈이야말로 한 인간을 판단하는 기준이지!" 처갓집 식구들과 함께 살면서 두 사람은 결혼생활에서 감당하기 힘든 부담을 떠안았다.
고갱은 처갓집의 다른 화가인 프리츠 테울로브가 후원자들에게 자기를 소개해주기를 바랐다. 하지만 전통적인 화가였던 테울로브는 고갱의 인상주의 작품을 옹호할 마음이 전혀 없었다. 게다가 덴마크 사람들은 파리와 루앙 시민들보다 훨씬 더 고갱의 그림을 사줄 생각이 없었다.

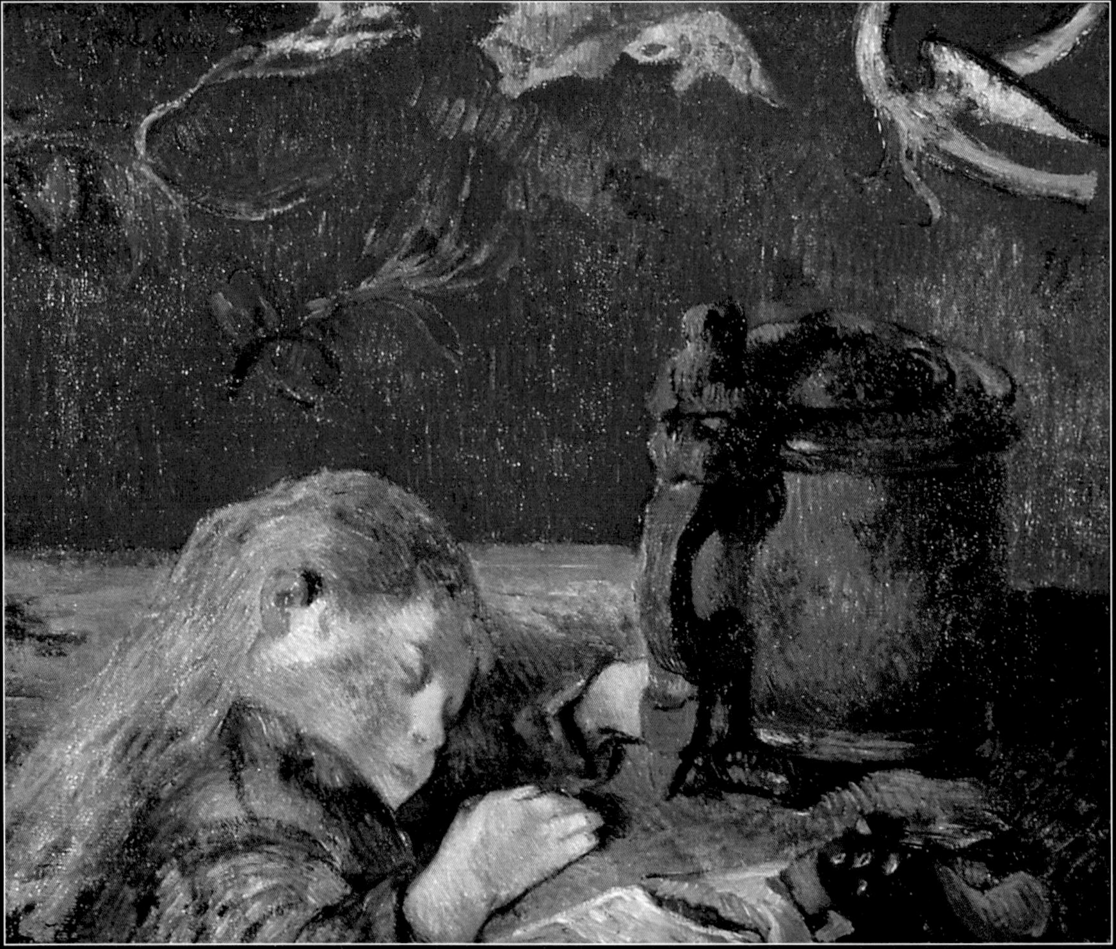

잠자는 아이(잠자는 클로비스)

Sleeping Child(Clovis Asleep)

폴 고갱, 1884

캔버스에 유채

46 × 55.5 cm (18 1/8 × 21 7/8 in)
조세포비츠 수집품, 로잔

〈잠자는 아이〉

가정생활에서 여러 가지 힘든 일을 겪고 그림에 대한 후원을 받지 못한 상황에서도 고갱은 화가로서 꾸준히 발전했다. 1884년에 그는 어린 아들 클로비스가 잠든 모습을 그렸다. 어떤 면에서 이 작품은 고갱의 눈에 비친 아이의 모습을 있는 그대로 표현한 친밀한 초상화이고, 아이의 얼굴과 손에서 갈라지듯 채색한 붓질에서는 인상주의 기법을 답습하면서 빛이 인체의 표면을 스치는 모습을 표현한다. 그러나 다른 한편으로는 고갱의 인상주의의 원리를 뛰어넘는 특징이 나타나기 시작한다. 노르웨이 맥주잔의 비례상의 괴리감 – 실제 클로비스와의 비례보다 세 배 정도 커 보인다 – 은 작품에 신비로운 분위기를 불어넣어서 우리가 지금 보는 장면이 현실 세계가 아니라 꿈처럼 보이게 만든다. 강렬한 색상 – 벽지의 짙은 파란색과 맥주잔에 하이라이트로 들어간 강렬한 붉은색 – 은 일상적인 현실의 이미지가 아니라는 느낌을 더해준다. 기괴하게 혼합된 생물체 – 반은 물고기, 반은 새 – 가 그려진 벽지는 하늘도 되고 바다도 되면서 클로비스의 꿈이 투영되는 무정형의 공간이다. 우리는 관객으로서 이렇게 기묘한 세계에 내던져져서 어린 소년의 무의식적 환상을 공유한다. 고갱은 이후 몇 년 동안 그림은 인상주의가 추구한 것처럼 사물의 외양을 표현하는 것이 아니라 화가와 피사체의 가장 내밀한 감정을 표현해야 한다는 개념에 더 진지한 관심을 갖는다.

1885년 중반에 고갱과 메테와의 관계, 나아가 처갓집과의 관계가 한계에 이르렀다. 고갱은 클로비스만 데리고 파리로 돌아가고 네 아이는 코펜하겐에 남겨두었다. 처음에 파리 생활은 순탄치 않았다. 그림을 한 점도 팔지 못하고 아들과 함께 추위와 배고픔에 시달렸다. 하지만 1886년 5월에 마지막 인상주의 전시회로 역사에 남은 전시회에 참여했다. 그의 작품에 쏟아진 긍정적인 반응에 들뜨고 전시회에서 그림을 몇 점 판 돈으로 주머니가 두둑해지자 고갱은 브르타뉴로 떠나면서 클로비스는 파리 근교의 기숙학교에 맡겼다.

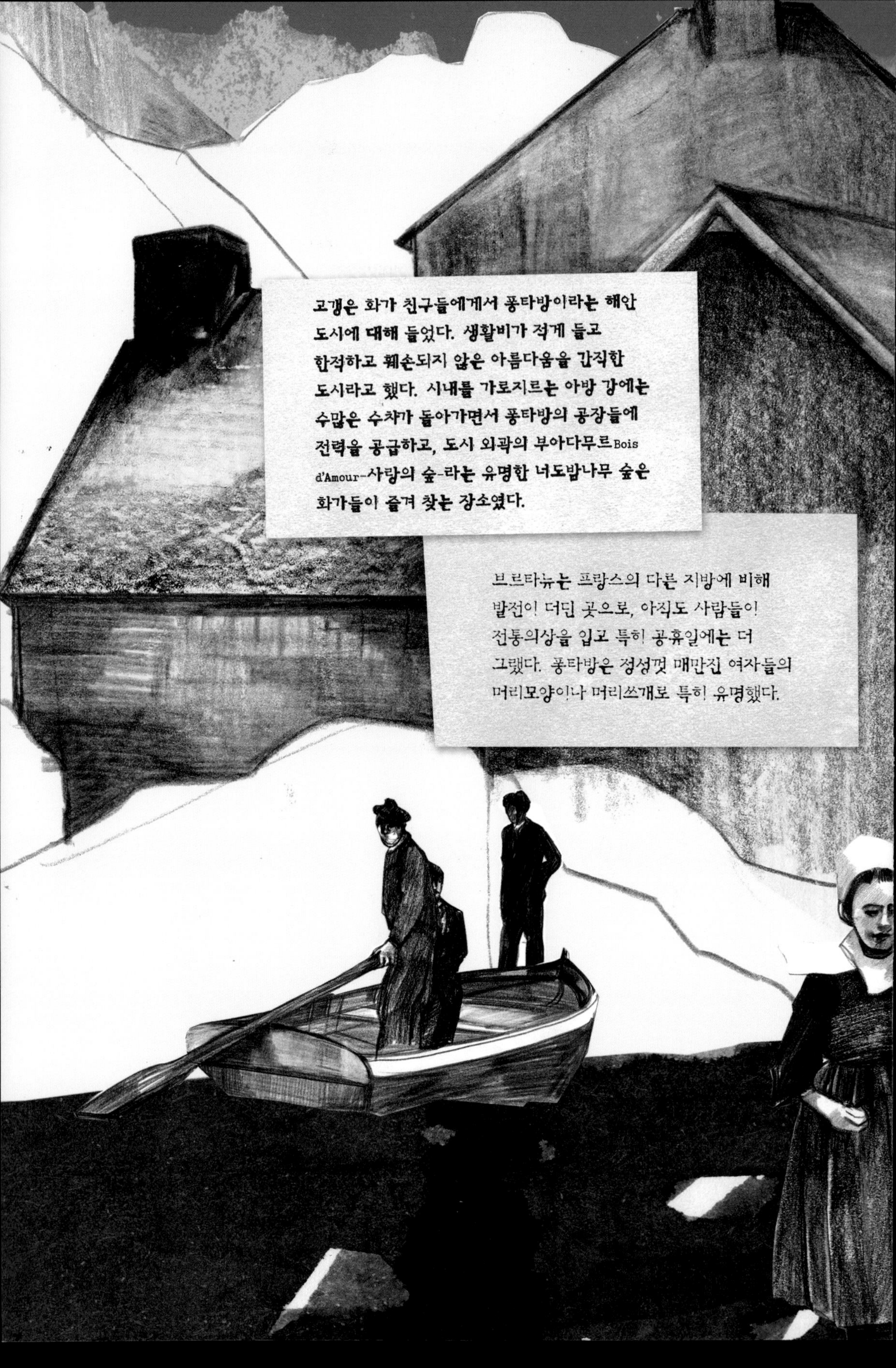
고갱은 화가 친구들에게서 퐁타방이라는 해안 도시에 대해 들었다. 생활비가 적게 들고 한적하고 훼손되지 않은 아름다움을 간직한 도시라고 했다. 시내를 가로지르는 아방 강에는 수많은 수차가 돌아가면서 퐁타방의 공장들에 전력을 공급하고, 도시 외곽의 부아다무르Bois d'Amour-사랑의 숲-라는 유명한 너도밤나무 숲은 화가들이 즐겨 찾는 장소였다.
브르타뉴는 프랑스의 다른 지방에 비해 발전이 더딘 곳으로, 아직도 사람들이 전통의상을 입고 특히 공휴일에는 더 그랬다. 퐁타방은 정성껏 매만진 여자들의 머리모양이나 머리쓰개로 특히 유명했다.

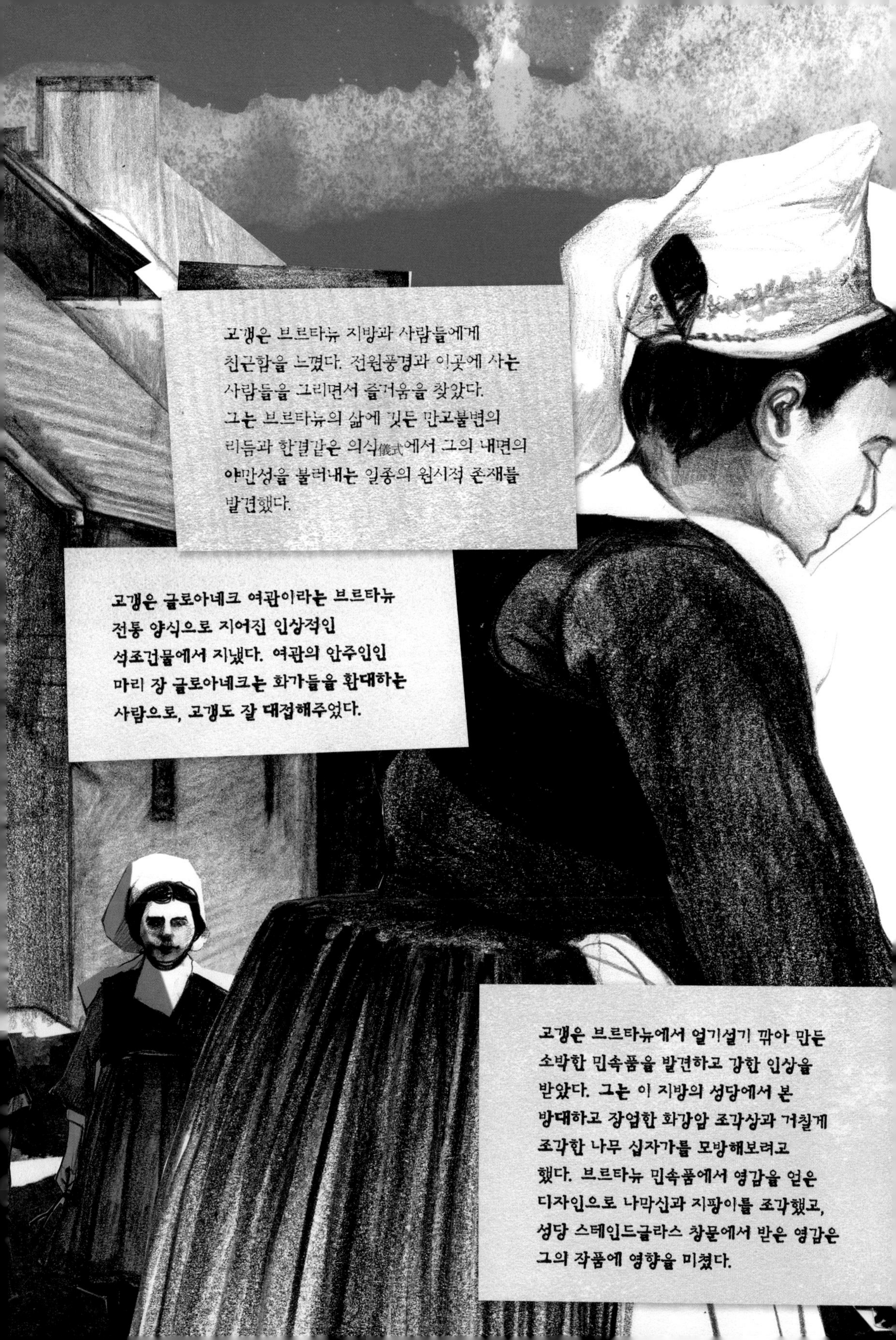
고갱은 브르타뉴 지방과 사람들에게 친근함을 느꼈다. 전원풍경과 이곳에 사는 사람들을 그리면서 즐거움을 찾았다. 그는 브르타뉴의 삶에 깃든 만고불변의 리듬과 한결같은 의식儀式에서 그의 내면의 야만성을 불러내는 일종의 원시적 존재를 발견했다.
고갱은 글로아네크 여관이라는 브르타뉴 전통 양식으로 지어진 인상적인 석조건물에서 지냈다. 여관의 안주인인 마리 잔 글로아네크는 화가들을 환대하는 사람으로, 고갱도 잘 대접해주었다.
고갱은 브르타뉴에서 얼기설기 깎아 만든 소박한 민속품을 발견하고 강한 인상을 받았다. 그는 이 지방의 성당에서 본 방대하고 장엄한 화강암 조각상과 거칠게 조각한 나무 십자가를 모방해보려고 했다. 브르타뉴 민속품에서 영감을 얻은 디자인으로 나막신과 지팡이를 조각했고, 성당 스테인드글라스 창문에서 받은 영감은 그의 작품에 영향을 미쳤다.

브르타뉴의 원시주의

〈목욕하는 두 사람Two Bathers〉은 고갱이 아방 강의 좋아하는 장소 중에서 마을과 브르타뉴 해안 사이에 위치한 천연 수영장을 보여준다. 고갱은 이 지방의 원시적인 자연에서 영감을 얻어서 목욕하는 일상의 모습을 음울한 울림을 주는 이미지로 변형했다. 소심하게 물에 발을 담글지 말지 고민하는 중심인물은 묘하게 중성적인 느낌을 주는데, 고갱이 브르타뉴의 시골 여인들을 무성無性의 존재로 보고 동물 같은 단순성으로 표현한 것과 일맥상통한다. 땅딸막한 여인의 윤곽은 고갱이 브르타뉴에서 감탄한 화강암 조각상과 닮았다. 물속에 있는 여인은 드가의 목욕하는 여인 그림을 거의 비슷하게 재현한 모습이다. 드가의 여인, 그러니까 파리의 어느 방에서 양철대야에서 몸을 씻는 여인은 아마 창녀였을 것이다. 고갱은 그 여인을 신록이 우거진 배경에 옮겨놓아 드가가 그린 타락한 여인의 이미지를 자연과 조화를 이루는 삶의 상징으로 변형한다.

물감을 칠하면서 개개의 붓질이 살아 있는 활기찬 붓놀림에는 고갱에게 아직 남아 있는 인상주의에 대한 충성심이 드러난다. 세잔의 영향이 특히 강한데, 나란히 반복되는 붓질뿐 아니라 화면을 양분하고 공간 안에서 정확히 어디 있는지 알 수 없는 가느다란 나무의 모티브에서도 잘 드러난다. 하지만 고갱은 몇 가지 중요한 면에서 인상주의와 결별한다. 눈에 보이는 세계를 정확히 포착하는 대신에 브르타뉴에 대한 주관적인 반응을 표현하는 것이다. 고갱은 친구 슈페네커에게 보내는 편지에서 그가 이런 형태의 그림으로 불러일으키고자 하는 감정을 이렇게 설명했다. "나는 브르타뉴를 사랑하네. 여기서 야만성, 곧 원시성을 발견해. 나막신이 화강암 바닥에 닿는 소리가 울려 퍼질 때면 내가 작품에서 추구하는 숨죽인 듯 둔중하고도 강렬한 분위기가 들리지." 〈목욕하는 두 사람〉의 고즈넉한 분위기와 침울한 정서에는 고갱이 느끼는 브르타뉴 문화의 고풍스런 특징이 잘 드러난다. 목욕하는 두 사람 주위의 풍경은 인간의 손길이 닿지 않은 자연이라서 우리는 마치 인류의 시원으로 내던져지는 느낌을 받는다. 고갱은 문명의 때가 묻지 않은 브르타뉴의 시골 사람들을 자연과 하나가 되었던 원시인으로 상상했다. 고갱은 거의 언제나 브르타뉴의 여인들을 이런 식의 상징으로 사용했는데, 이것은 여자가 자연의 리듬에 더 근접한다는 유럽인의 오랜 고정관념에서 벗어나지 않는다.

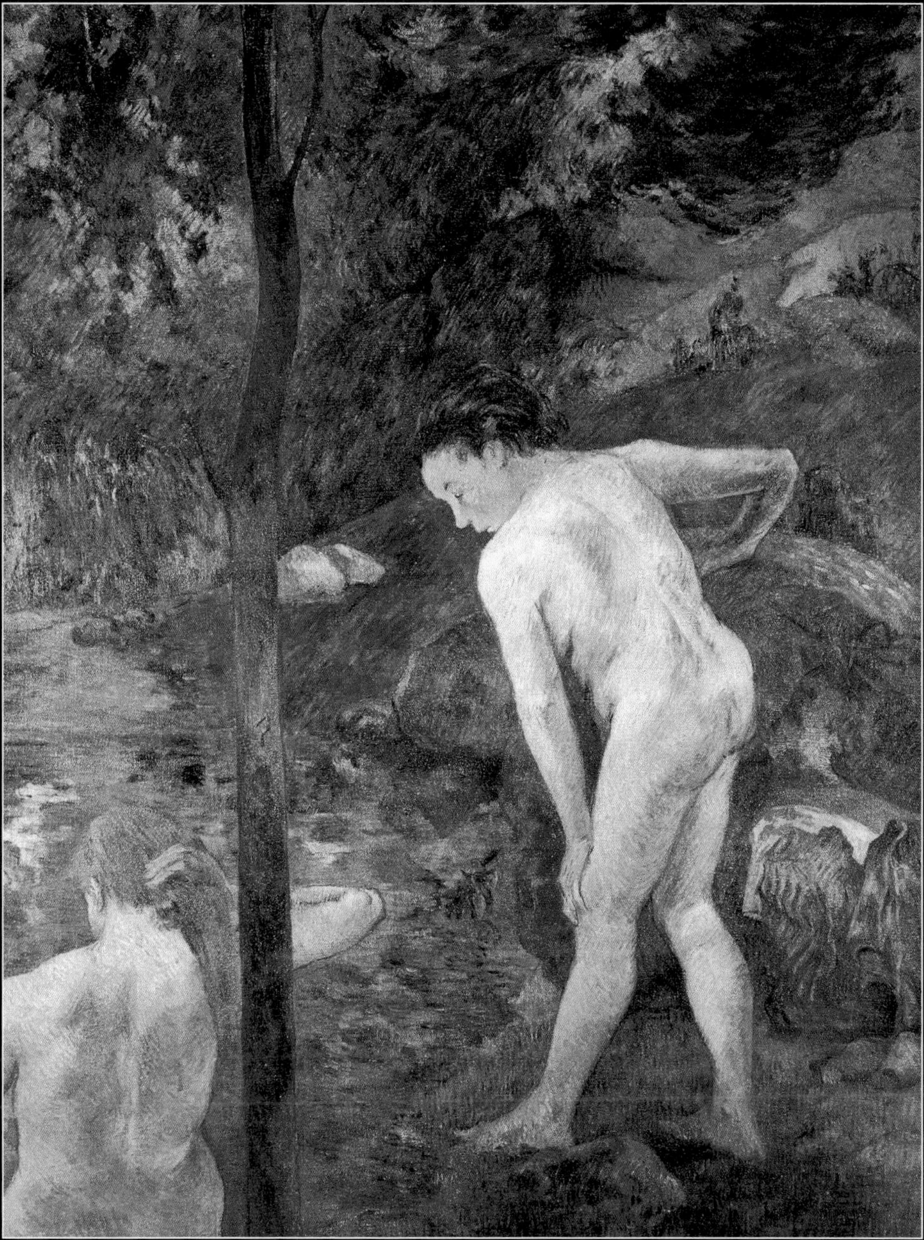

목욕하는 두 사람

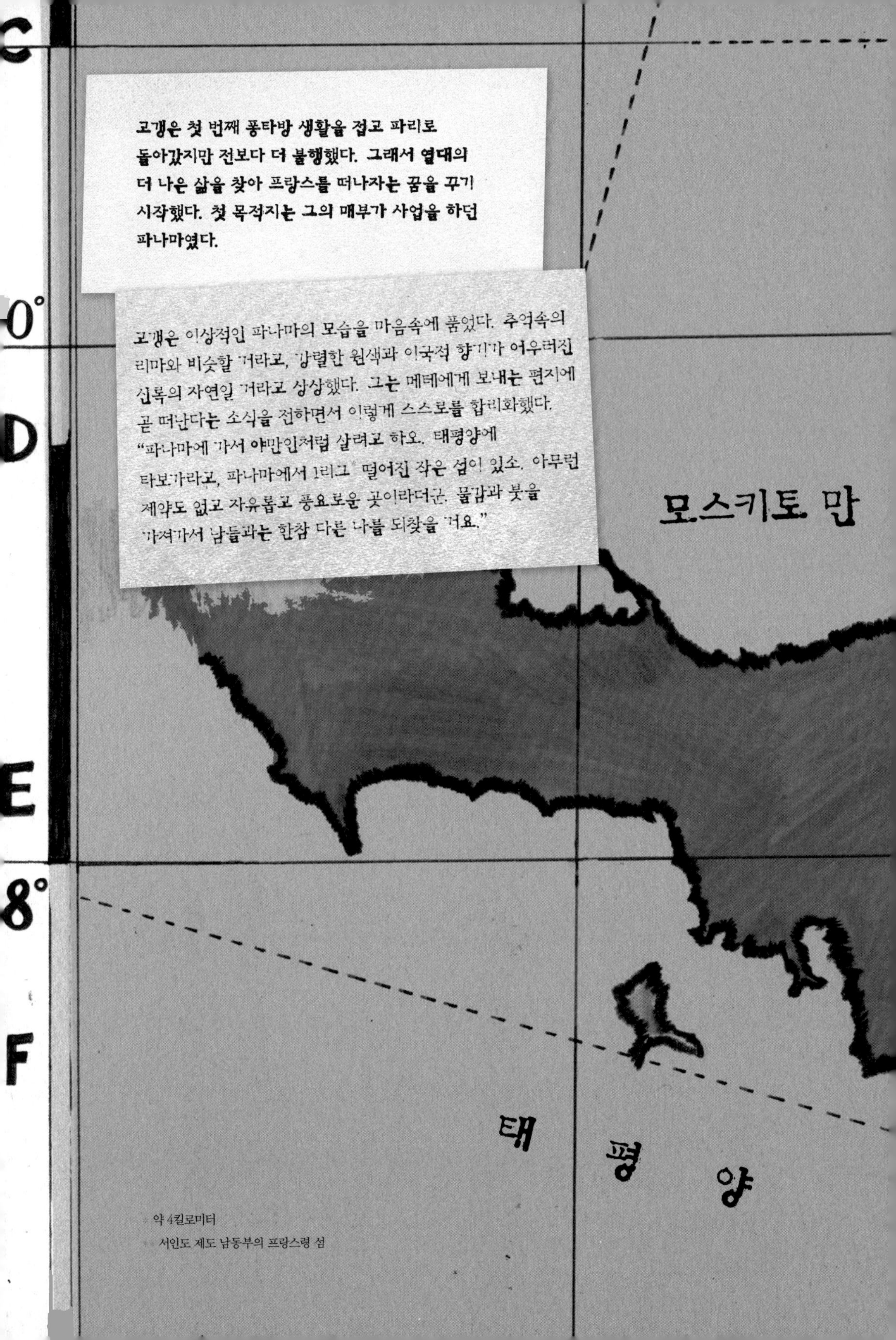

고갱은 첫 번째 퐁타방 생활을 접고 파리로 돌아갔지만 전보다 더 불행했다. 그래서 열대의 더 나은 삶을 찾아 프랑스를 떠나자는 꿈을 꾸기 시작했다. 첫 목적지는 그의 매부가 사업을 하던 파나마였다.

고갱은 이상적인 파나마의 모습을 마음속에 품었다. 추억속의 리마와 비슷할 거라고, 강렬한 원색과 이국적 향기가 어우러진 신록의 자연일 거라고 상상했다. 그는 메테에게 보내는 편지에 곧 떠난다는 소식을 전하면서 이렇게 스스로를 합리화했다.

"파나마에 가서 야만인처럼 살려고 하오. 태평양에 타보가라고, 파나마에서 1리그* 떨어진 작은 섬이 있소. 아무런 제약도 없고 자유롭고 풍요로운 곳이라더군. 물감과 붓을 가져가서 남들과는 한참 다른 나를 되찾을 거요."

* 약 4킬로미터

** 서인도 제도 남동부의 프랑스령 섬

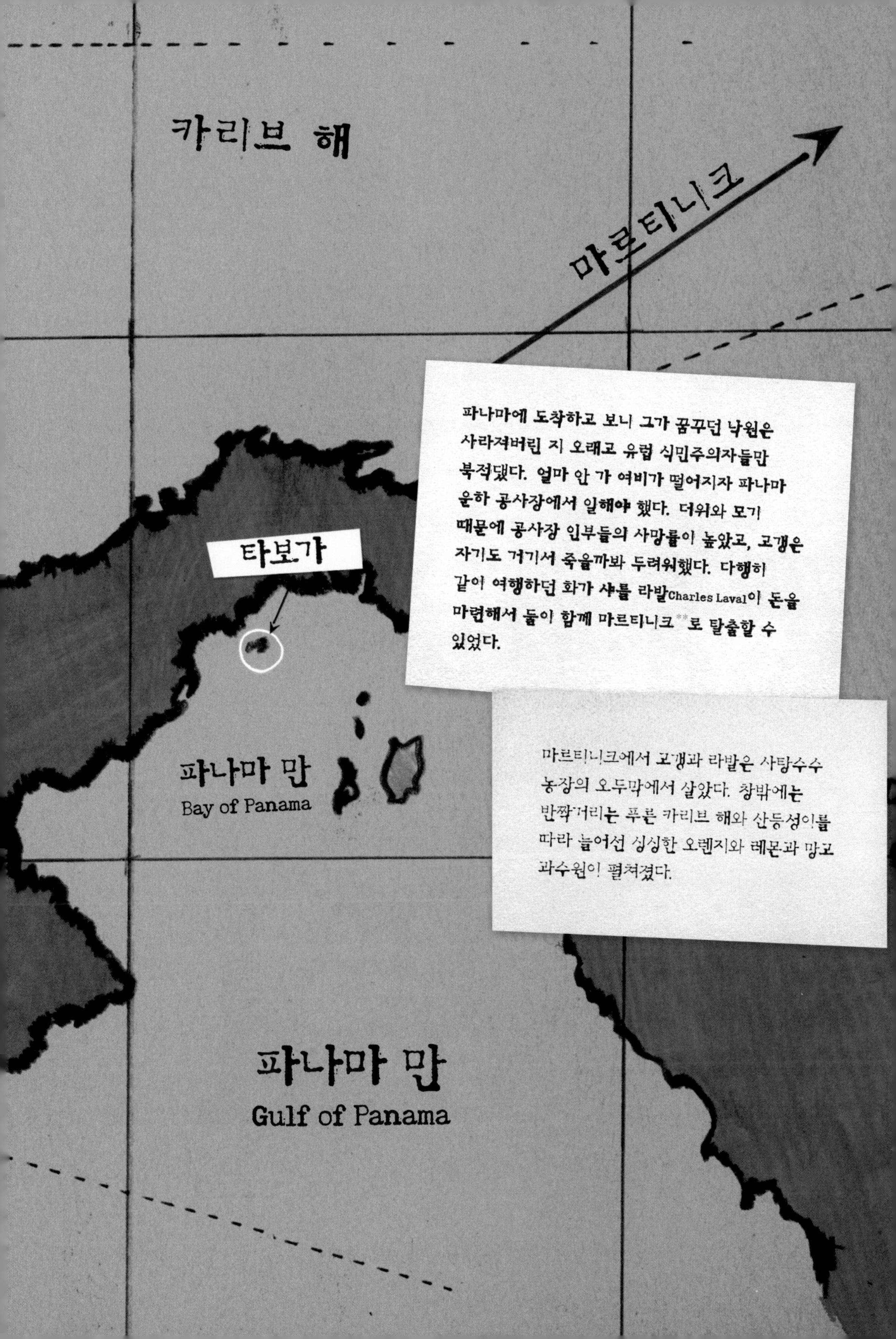

파나마에 도착하고 보니 그가 꿈꾸던 낙원은 사라져버린 지 오래고 유럽 식민주의자들만 북적댔다. 얼마 안 가 여비가 떨어지자 파나마 운하 공사장에서 일해야 했다. 더위와 모기 때문에 공사장 인부들의 사망률이 높았고, 고갱은 자기도 거기서 죽을까봐 두려워했다. 다행히 같이 여행하던 화가 샤를 라발Charles Laval이 돈을 마련해서 둘이 함께 마르티니크**로 탈출할 수 있었다.

마르티니크에서 고갱과 라발은 사탕수수 농장의 오두막에서 살았다. 창밖에는 반짝거리는 푸른 카리브 해와 산등성이를 따라 늘어선 싱싱한 오렌지와 레몬과 망고 과수원이 펼쳐졌다.

〈마르티니크의 풍경〉

고갱은 마르티니크의 강한 색채와 빛에 이끌려서 더 화려한 물감으로 그림을 그렸다. 섬에서 만난 여인들 – 유럽인, 중국인, 아프리카인 – 에게서 무한한 영감을 받아서 섬의 이국적인 분위기를 포착하려 했다.

마르티니크 시절은 고갱과 그의 동행인 샤를 라발 둘 다 말라리아와 이질에 걸려 쓰러지면서 불행하게 끝이 났지만, 고갱은 병에 걸리기 전에 마르티니크에서 받은 인상을 지상낙원으로 표현했다. 〈마르티니크의 풍경(오가는 사람들)Martinique Landscape(Comings and Goings)〉에는 그가 살던 농장이 담겨 있다. 멀리 수풀 사이로 그의 오두막이 보이고, 녹슨 양철 지붕이 우거진 수풀에 둘러싸여 있다. 오두막 위로 무더운 카리브의 하늘에 따스한 아지랑이가 피어오른다. 전경에서는 자연의 색깔을 과장해서 – 특히 선명한 붉은색 흙길과 짙은 초록색 풀밭 – 마르티니크의 따스한 온기와 풍요로움을 상징한다. 열대의 꽃과 농장 여자 일꾼들의 느긋한 자태는 이 섬을 무위無爲의 쾌락이 있는 공간으로 보는 고갱의 관점을 보여준다. 여자들 옆에서 닭과 염소가 자유로이 어슬렁거리는 모습에는 섬사람들과 자연이 평화롭게 공존한다는 의미가 담겨 있다.

여자들 중 하나가 나무로 손을 뻗어 과일을 따는 모습에는 열대에는 음식이 널려 있다는 고갱의 순진한 믿음이 담겨 있다. 실제로는 나무에 달린 열매는 농장 주인의 재산이고, 여자들은 열악한 환경에서 힘들게 일하는 일꾼이었다. 고갱이 우리에게 전하는 모습은 마르티니크의 현실이 아니라 이 섬을 에덴으로 보려는 그의 꿈이었다. 하지만 고갱도 마르티니크가 완벽하기만 한 곳은 아니라는 사실을 예리하게 포착한다. 과일을 따려고 손을 뻗은 여자는 성서의 인류 타락의 이야기를 연상시키며 식민주의가 도래하면서 이 섬은 순수를 잃었다는 의미를 전달한다.

마르티니크를 그린 또 하나의 작품으로 〈베짱이와 개미The Grasshoppers and the Ants〉라는 석판화에는 농장 여자 일꾼들이 다시 등장한다. 작품 제목은 17세기 프랑스 작가 장 드 라퐁텐Jean de La Fontaine의 유명한 우화 제목이다. 라퐁텐의 우화에서 베짱이가 한가하게 놀면서 여름 한 철을 보내는 동안 개미는 열심히 일한다. 겨울이 와서 굶게 된 베짱이는 개미를 찾아가서 여름내 열심히 일해 쌓아둔 곡식을 나눠달라고 부탁한다. 개미는 거절한다. 라퐁텐이 우화에서 전달하려는 교훈은 한가하게 쾌락을 좇으면서 시간을 낭비해서는 안 된다는 의미였다. 고갱은 우화의 의미를 뒤집어서 개미가 잘못한 것이고 사실은 느긋하게 쉬는 삶이 이상적이라고 제안한다.

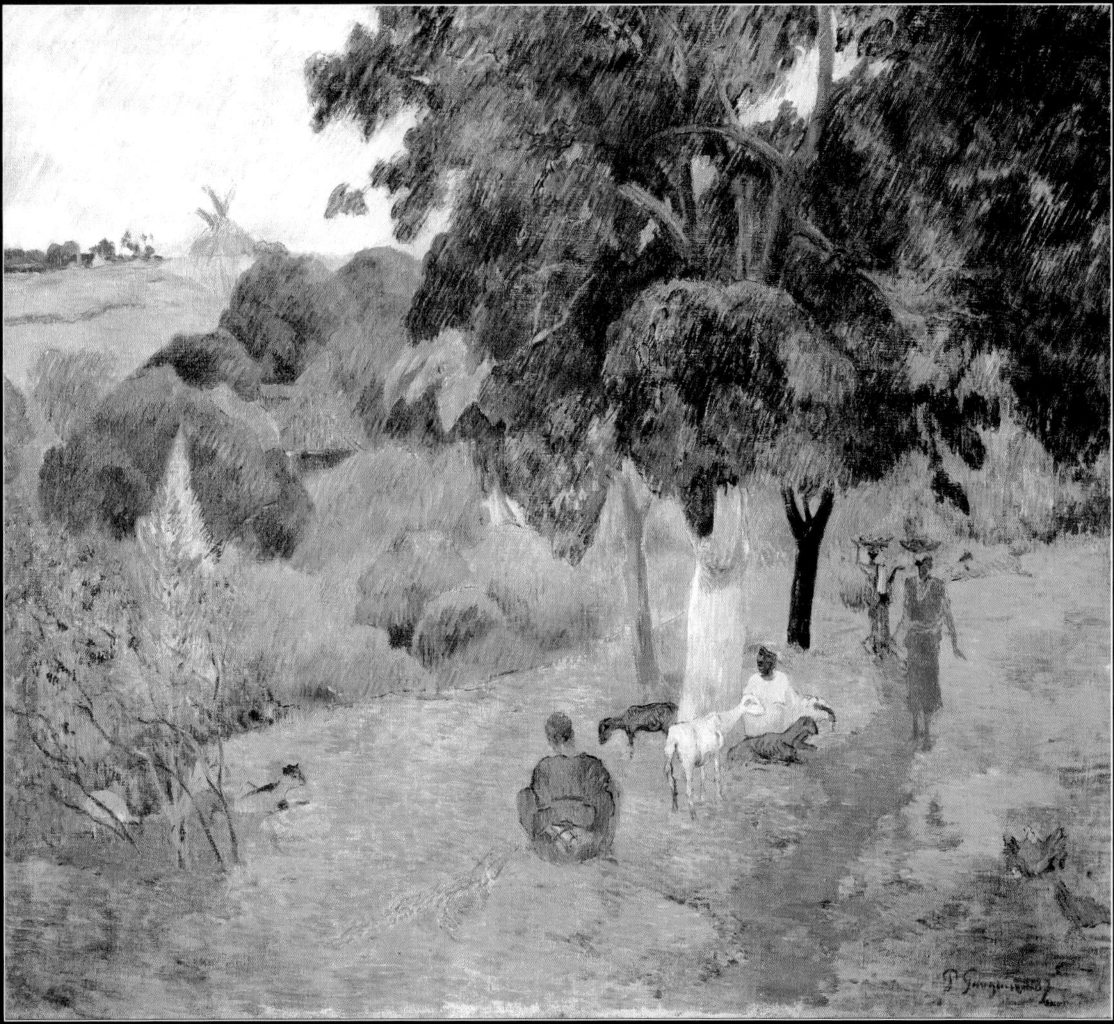

마르티니크의 풍경(오가는 사람들)

Martinique Landscape(Comings and Goings)

폴 고갱, 1887

캔버스에 유채

72.5 × 92 cm (28 1/2 × 36 1/4 in)

티센-보르네미자 미술관, 마드리드

새로운 친구들

고갱은 마르티니크에서 병에 걸린 후 프랑스로 떠나는 배의 선원으로 일해서 고향으로 돌아갈 여비를 마련해야 했다. 무일푼으로 파리에 도착했지만 점차 아방가르드 화가들 사이에서 명성을 얻었다. 밤마다 그를 따르는 엄선된 화가들에게 둘러싸여서 그들의 새로운 단골집인 카페 뒤 탕부랭Café du Tambourin에서 최근의 예술적 발전에 관해 토론했다. 이 모임에서 가장 눈에 띄는 인물들로, 고갱이 1886년에 퐁타방에서 처음 만난 에밀 베르나르Émile Bernard, 몸집은 아주 작지만 압생트와 매춘부에 대한 취향은 왕성해서 고갱의 눈에 든 앙리 드 툴루즈 로트레크Henri de Toulouse-Lautrec, 그리고 누구보다 중요한 빈센트 반 고흐Vincent van Gogh가 있었다. 반 고흐는 모임에서 말없이 구석 자리에 앉아 있었지만 이따금 누가 동의할 수 없는 말을 꺼내면 강하게 반발했다. 고갱도 처음에는 걸핏하면 싸우려 드는 이 네덜란드인 화가를 어떻게 받아들여야 할지 난감했지만 그에게서 조금씩 자기와 비슷한 정신을 발견했다. 예술을 위해 기꺼이 고행을 택하는 정신, 사물의 외양이 아니라 자신을 압도하는 열정과 생각을 화폭에 옮기려는 자세를 발견한 것이다.

상징주의

상징주의는 19세기 후반의 미술과 문학 운동이었다. 상징주의 시인들은 동 시대인들의 합리주의와 유물론적 동향에 반발하여 자연의 세계를 사실적으로 묘사하는 것보다 순수한 주관성이 더 우월하다고 선언했다. 고갱은 이미 몇 년 전부터 이와 유사한 목표를 추구해온 터라 이내 그의 화가집단 친구들과 함께 상징주의 모임과 어울렸다. 고갱과 반 고흐는 둘 다 인상주의의 관습적인 양식을 거부하고 예술작품에서는 색과 선과 구성요소들을 비非사실주의적으로 활용하여 작가의 감정과 생각을 표현해야 한다고 주장했다. 그들은 현실 세계의 요소를 묘사하면서도 – 물론 완전한 추상주의가 아니었으므로 – 요소를 구성하고 왜곡해서 특정한 감정과 신념을 전달하는 예술을 원했다.

미술평론가 알베르 오리에Albert Aurier는 1891년에 한 평론에서 회화에서의 상징주의를 처음으로 정의하면서 상징주의란 단순화하고 비자연주의적 방식으로 표현한 작가의 주관적 상상이라고 설명했다. 그는 고갱을 상징주의 미술의 선구자로 찬양했다.

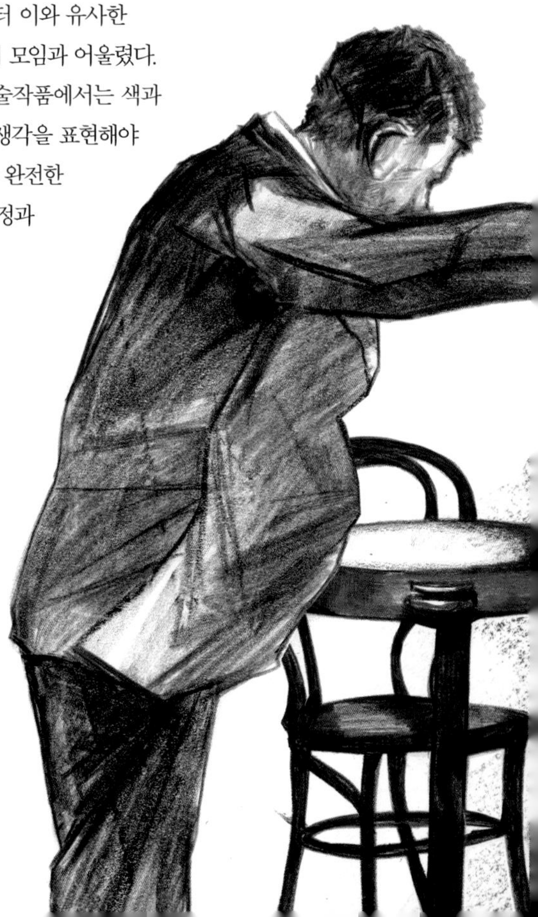

화가집단을 이끌다

1888년에 고갱은 퐁타방으로 돌아가 소규모 화가집단을 이끌었다. 훗날 퐁타방파로 일컬어지는 모임이다. 퐁타방에서 활동하던 보다 전통적인 화가들은 퐁타방파에 의혹의 눈길을 보내면서 농담조로 '전염병 환자들'이라는 딱지를 붙이고 퐁타방파가 주로 모이던 식당은 파리의 악명 높은 정신병원이던 샤랑통의 지점이라고 불렀다. 하지만 고갱과 그의 친구들은 미치지 않았다. 그들은 농축된 색과 단순한 형태로 그림을 그리면서 상징주의의 목표를 달성할 방법을 모색하는 중이었다. 그해 여름 고갱은 폴 세뤼지에Paul Sérusier라는 젊은 제자에게 유명한 가르침을 하사했다. "이 나무들이 어떻게 보이느냐? 노란색이다. 그러니 노랗게 그려라. 이 그림자는 약간 푸르스름하다. 그러니 순수한 감청색으로 그려라. 여기 이 붉은 잎은? 주홍색으로 그려라." 세뤼지에가 고갱의 지도를 받아서 퐁타방 외곽의 아방 강을 그린 그림은 〈부적符籍The Talisman〉이라는 제목으로 유명한 작품이다. 파리에서는 많은 사람이 고갱의 작업을 하나의 계시로 받아들였다. 젊은 예술가들은 고갱의 시도를 세계에 대한 관찰과 개인의 감정을 결합한 새로운 회화의 모범으로 간주했다.

부적(符籍)
The Talisman

폴 세뤼지에, 1888

나무에 유채.
27 × 21 cm (10 5/8 × 8 1/4 in)
오르세 미술관, 파리.

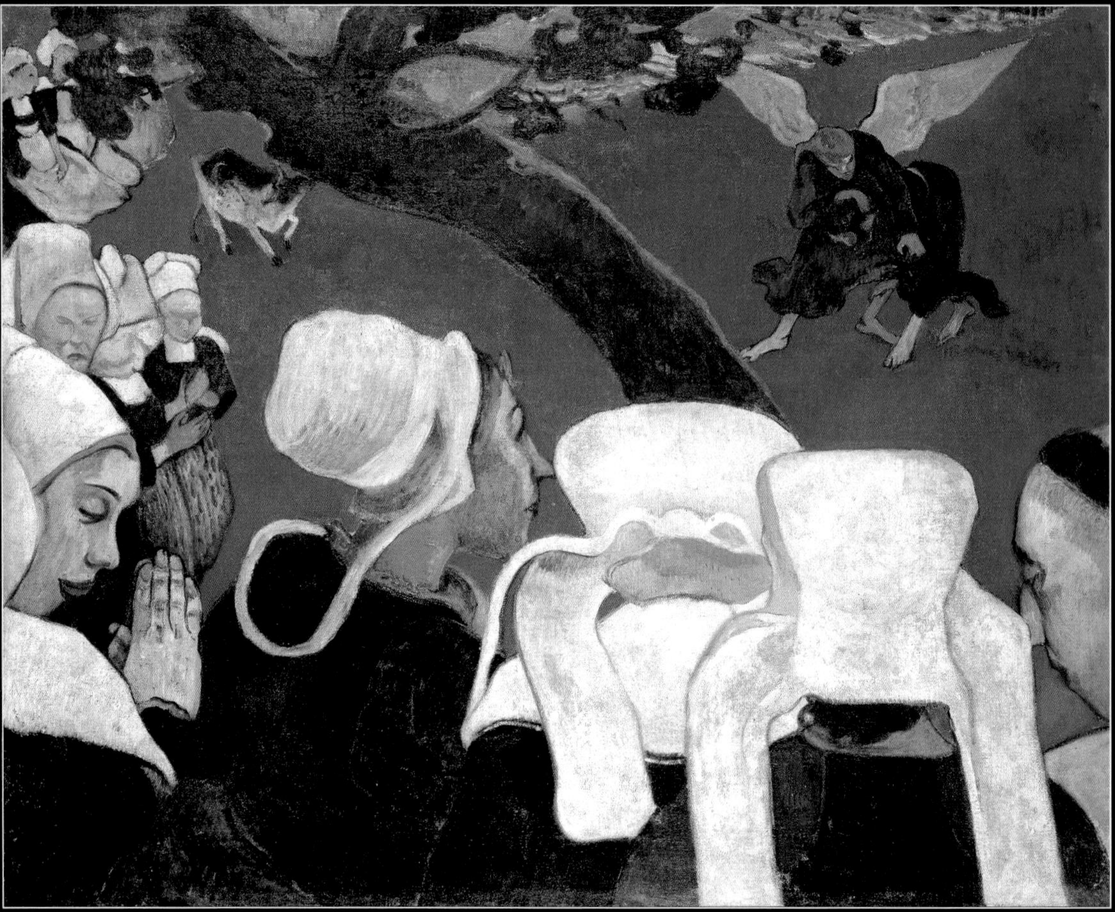

예배 뒤의 환상

Vision after the Sermon

폴 고갱, 1888

캔버스에 유채

72.2 × 91 cm (28 3/8 × 35 7/8 in)

국립스코틀랜드미술관, 에든버러

〈예배 뒤의 환상〉

〈예배 뒤의 환상Vision after the Sermon〉에는 브르타뉴의 시골 여인들이 성당에서 예배를 본 후 황홀한 영적 환영을 보는 장면이 담겨 있다. 고갱은 왼쪽에서 무릎을 꿇고 눈을 감고 합장하면서 기도하는 인물들이 마음의 눈으로 무엇을 보는지 우리에게 전달한다. 야곱이 천사와 싸움을 벌이는 성서의 한 장면으로, 오른쪽에 있는 사제가 좀 전에 예배 중에 들려준 이야기다. 비자연주의적 색채, 특히 선명한 붉은색 풀밭과 드잡이하는 인물들과 황소의 이상한 비례를 통해 우리가 보는 장면은 현실이 아니라 환상이라는 사실을 명료하게 드러낸다. 대상의 윤곽에 그려 넣은 짙은 검정색 선은 고갱이 이 지역 성당에서 감탄한 스테인드글라스 창문의 모양을 따라 그린 것이다. 성당 창문을 참조한 시도는 작품의 주제를 감안하면 특히 적절한 선택이다.

고갱은 브르타뉴가 근대화되지 않은 지방이라 프랑스의 다른 지방에 비해 전통 의식과 고대의 믿음과 더 닿아 있다고 믿었다. 이 지방 여자들이 특히 그렇다고 보았다. 여자들이 쓰는 전통적 두건, 곧 브르타뉴의 머리쓰개를 전통을 고수하려는 의지의 상징으로 보았다. 원래 머리쓰개는 공휴일에만 쓰는 복식이지만 브르타뉴를 찾는 관광객이 늘어나면서 주로 관광객에게 보여주기 위해 점차 많이 착용했다.

〈예배 뒤의 환상〉에서 여자들이 쓴 머리쓰개의 단순한 색과 정형화된 윤곽에는 고갱이 이곳 사람들과 환상을 공유하고 이렇게 단순하고 경건한 촌부들과 같은 눈으로 세계를 본다는 의미가 담겨 있다. 고갱 자신이 브르타뉴 사람들과 마찬가지로 원시적이라고 보여주는 방법이었다. 고갱은 그들처럼 되고 싶었지만 그들은 고갱을 그들의 일원으로 봐주지 않았다. 그들은 고갱의 작품을 이해하지 못했다. 고갱이 아무리 노력해도 그의 작품을 그 지방 고유의 민속품과 관련짓지 못했다. 고갱은 〈예배 뒤의 환상〉을 브르타뉴의 성당 두 곳에 제안하지만 놀랍게도 모두 거절당했다. 고갱은 브르타뉴 문화에 동질감을 느꼈지만 브르타뉴 사람들은 고갱을 외지인으로 여기고 그의 작품을 괴상한 현대미술로 보았다.

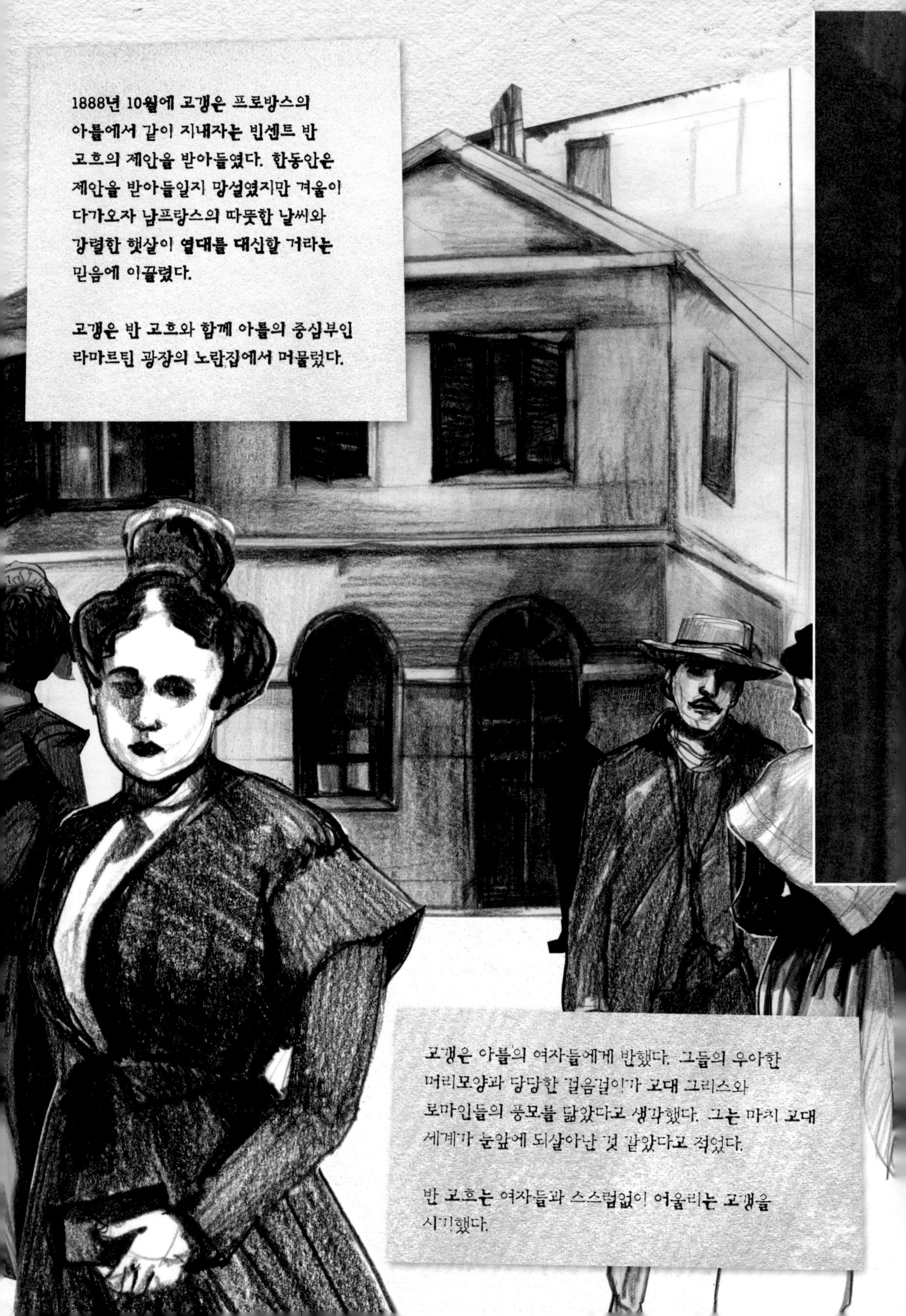
1888년 10월에 고갱은 프로방스의
아를에서 같이 지내자는 빈센트 반
고흐의 제안을 받아들였다. 한동안은
제안을 받아들일지 망설였지만 겨울이
다가오자 남프랑스의 따뜻한 날씨와
강렬한 햇살이 열대를 대신할 거라는
믿음에 이끌렸다.
고갱은 반 고흐와 함께 아를의 중심부인
라마르틴 광장의 노란집에서 머물렀다.
고갱은 아를의 여자들에게 반했다. 그들의 우아한
머리모양과 당당한 걸음걸이가 고대 그리스와
로마인들의 풍모를 닮았다고 생각했다. 그는 마치 고대
세계가 눈앞에 되살아난 것 같았다고 적었다.
반 고흐는 여자들과 스스럼없이 어울리는 고갱을
시기했다.

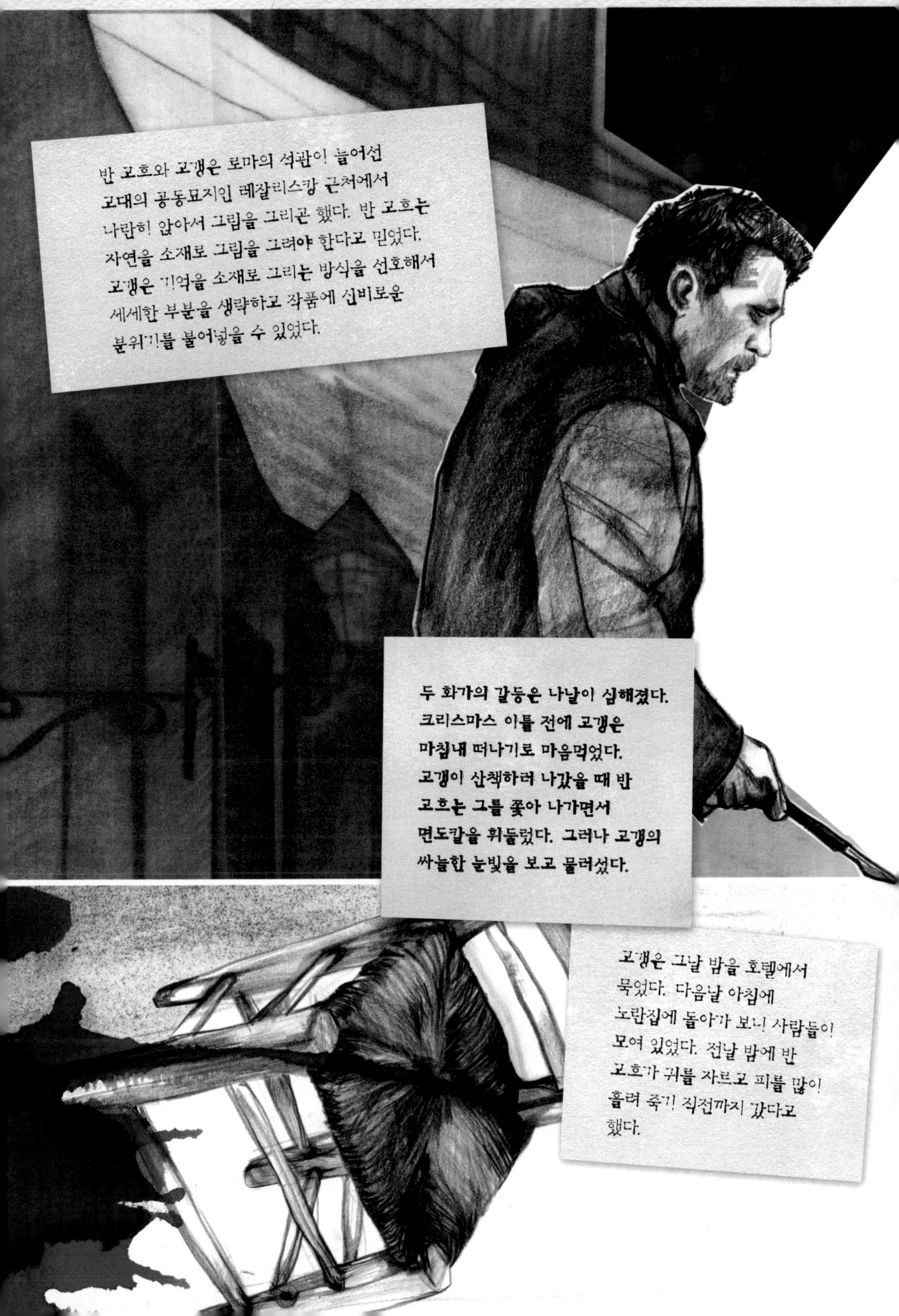
반 고흐와 고갱은 로마의 석관이 늘어선 고대의 공동묘지인 레잘리스캉 근처에서 나란히 앉아서 그림을 그리곤 했다. 반 고흐는 자연을 소재로 그림을 그려야 한다고 믿었다. 고갱은 기억을 소재로 그리는 방식을 선호해서 세세한 부분을 생략하고 작품에 신비로운 분위기를 불어넣을 수 있었다.
두 화가의 갈등은 나날이 심해졌다. 크리스마스 이틀 전에 고갱은 마침내 떠나기로 마음먹었다. 고갱이 산책하러 나갔을 때 반 고흐는 그를 쫓아 나가면서 면도칼을 휘둘렀다. 그러나 고갱의 싸늘한 눈빛을 보고 물러섰다.
고갱은 그날 밤을 호텔에서 묵었다. 다음날 아침에 노란집에 돌아가 보니 사람들이 모여 있었다. 전날 밤에 반 고흐가 귀를 자르고 피를 많이 흘려 죽기 직전까지 갔다고 했다.

〈해바라기를 그리는 반 고흐〉

고갱은 아를에서 반 고흐와 함께 그림을 그리면서 많이 배웠다. 특히 반 고흐가 파란색과 노란색을 사랑하는 모습에 끌리고, 일본 그림에 나타나는 밝은 순색純色의 평면적인 영역에 관해 열변을 토하는 모습에 반했다. 고갱은 고흐의 이런 아이디어를 토대로 〈해바라기를 그리는 반 고흐Van Gogh Painting Sunflowers〉를 그렸다. 배경에는 하늘색과 담황색이 주조를 이루어 나란히 배치되고, 반 고흐가 유독 아끼는 주제로 여름철 아를의 들판을 가득 메운 해바라기를 그리는 모습을 그렸다. 반 고흐가 해바라기에 완전히 몰입한 채 캔버스에 붓질을 한다. 고갱은 두 사람의 우정의 정표로 이 초상화를 그렸지만 정작 반 고흐는 그림 속의 자기 모습을 마음에 들어 하지 않았다. 둘 사이에 이미 긴장이 흘러서였는지, 반 고흐는 고갱의 그림을 의심했다. 그는 둘이 같이 아는 친구인 베르나르에게 이렇게 썼다. "맞아, 나긴 난데 제정신이 아닌 나지."

〈고갱의 의자〉

반 고흐도 고갱의 초상화를 그렸지만 가장 인상적인 그림은 노란집에 있던 고갱의 의자를 그린 작품이다. 이 초상화는 친구의 존재를 상상하면서도 – 촛불은 고갱의 활력을 의미한다 – 친구의 부재를 보여주는 그림이다. 반 고흐는 동생 테오에게 보내는 편지에서 고갱이 아를에 오래 머물지 않을까봐 두려워하는 속내를 여러 번 내비쳤다.

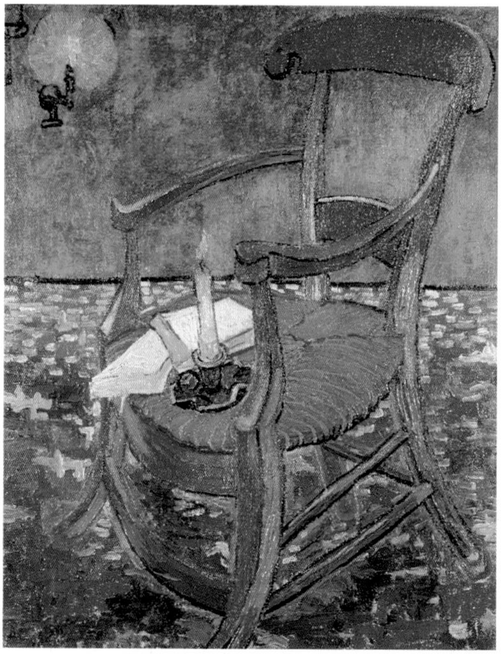

고갱의 의자
Gauguin's Chair

빈센트 반 고흐, 1888

캔버스에 유채.
90 × 72 cm (35 5/8 × 28 1/2 in)
반 고흐 미술관, 암스테르담.

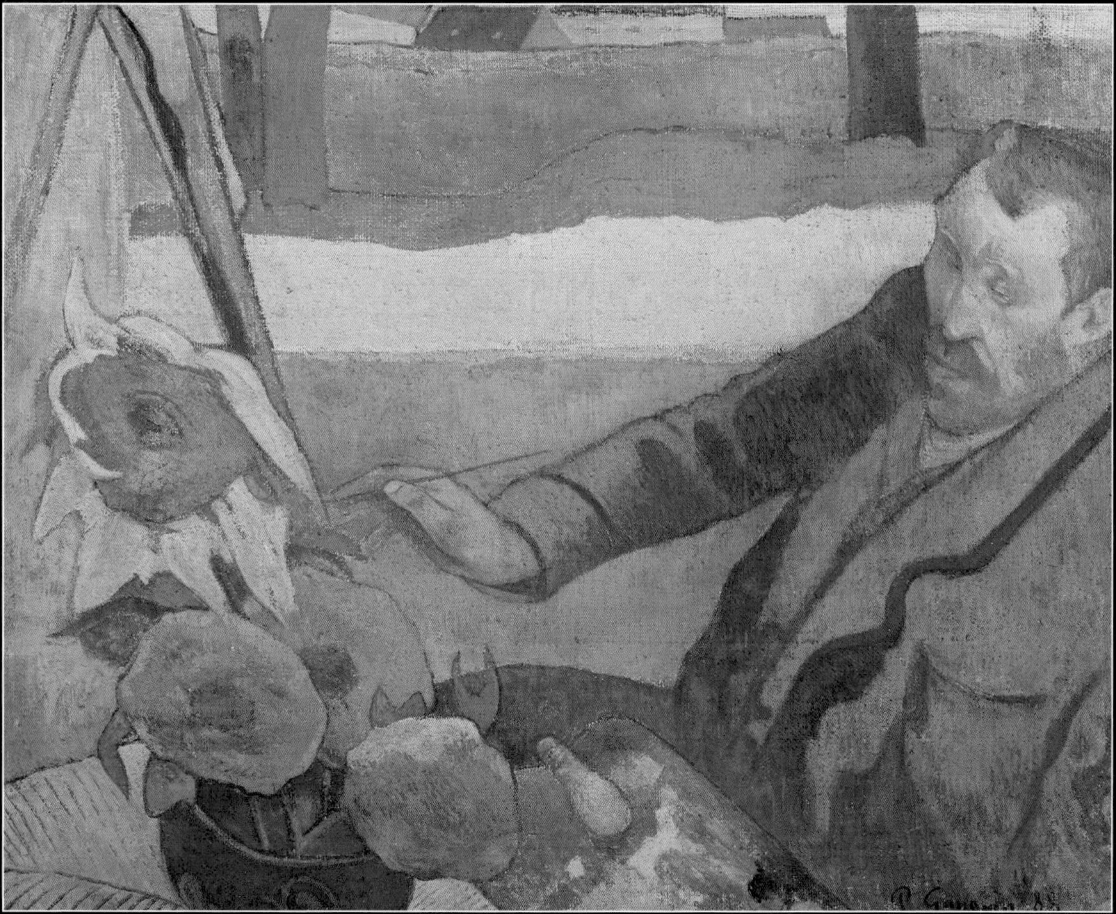

해바라기를 그리는 반 고흐
Van Gogh Painting Sunflowers

폴 고갱, 1888

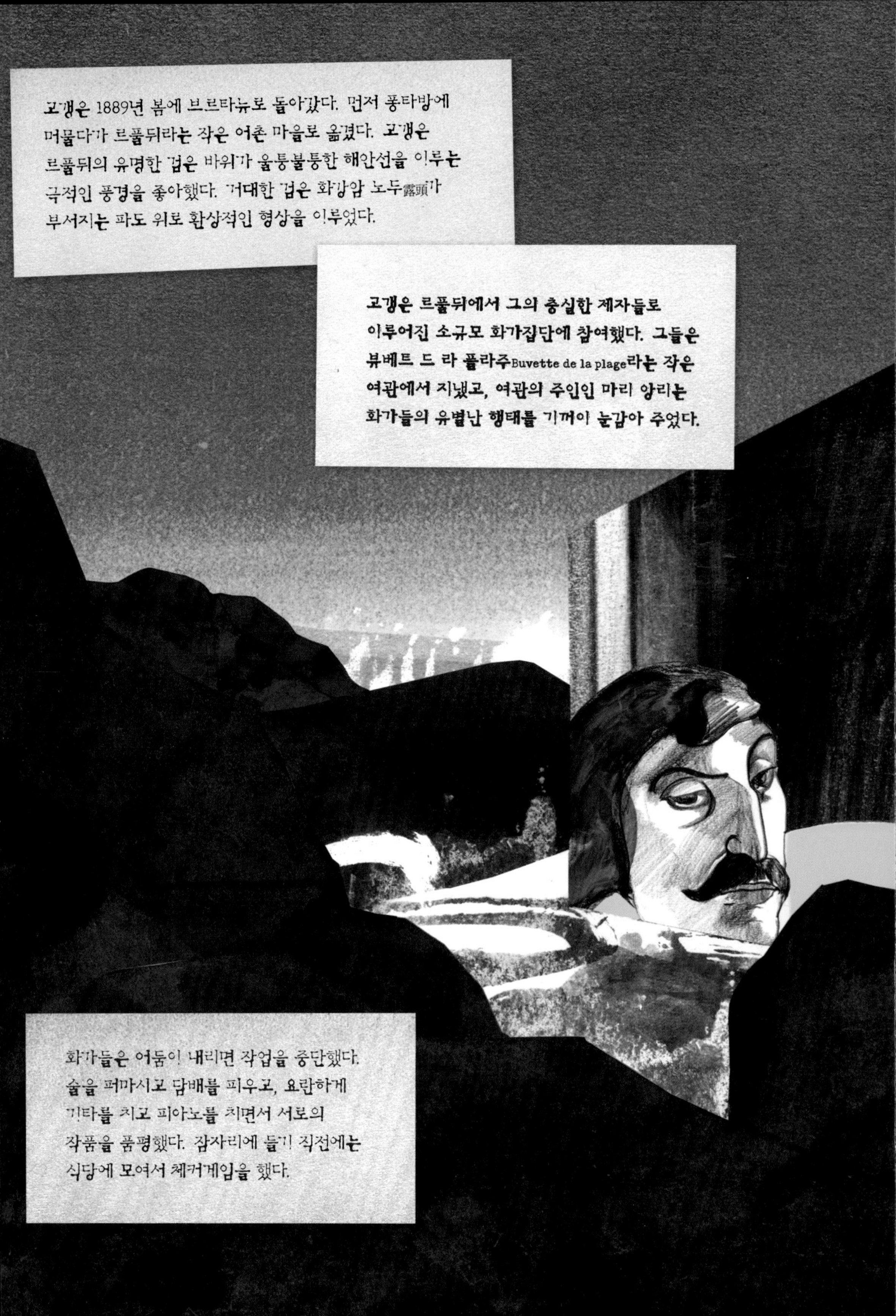
고갱은 1889년 봄에 브르타뉴로 돌아갔다. 먼저 퐁타방에 머물다가 르풀뒤라는 작은 어촌 마을로 옮겼다. 고갱은 르풀뒤의 유명한 검은 바위가 울퉁불퉁한 해안선을 이루는 극적인 풍경을 좋아했다. 거대한 검은 화강암 노두露頭가 부서지는 파도 위로 환상적인 형상을 이루었다.
고갱은 르풀뒤에서 그의 충실한 제자들로 이루어진 소규모 화가집단에 참여했다. 그들은 뷔베트 드 라 플라주Buvette de la plage라는 작은 여관에서 지냈고, 여관의 주인인 마리 앙리는 화가들의 유별난 행태를 기꺼이 눈감아 주었다.
화가들은 어둠이 내리면 작업을 중단했다. 술을 퍼마시고 담배를 피우고, 요란하게 기타를 치고 피아노를 치면서 서로의 작품을 품평했다. 잠자리에 들기 직전에는 식당에 모여서 체커게임을 했다.

마리 앙리 여관의 식당

반 고흐의 제안으로 함께 한 남프랑스 화실의 유토피아가 실패로 돌아간 후 고갱은 뷔베트 드 라 플라주에서 새로운 화가집단을 만들어보려 했다. 모임의 일원인 네덜란드 화가 메이에르 드 한Meyer de Haan은 돈이 없는 고갱을 대신해 방세를 내주면서 고갱을 지탱해주었다.

마리 앙리가 화가들에게 여관 식당을 장식하도록 허락해줘서, 얼마 후 식당의 모든 벽에 그림이 걸렸다. 민속품을 본뜬 양식으로 브르타뉴의 삶을 표현한 장면에는 화가들의 활동과 그들이 브르타뉴 시골 의식에서 원시적 힘과 단순성으로 본 것 사이의 관계가 드러난다. 작품마다 각기 다른 종류의 원시성을 불러냈다. 가령 어느 작품에서 고갱은 짙은 피부색의 벌거벗은 여인을 그렸고여인이 해바라기에 둘러싸인 것으로 보아 아마도 반 고흐를 추억하는 것이리라, 벽난로 선반에는 마르티니크의 아프리카계 카리브 해 여인의 작은 조각상을 놓아두었다. 마리 앙리의 식당을 꾸미는 작업은 순전히 예술적 이상에 바치는 동료애의 발로이자 상업 미술계의 압박에서 벗어난 자유로운 시도로서, 브르타뉴의 촌부들과 비서구인들이 탐욕에서 벗어나서 화목한 공동체를 이루고 사는 모습과 유사했다. 아니면 적어도 그들은 그렇다고 착각했다. 고갱의 르풀뒤 모임에 참여한 세뤼지에는 한쪽 벽에 예술의 상업화에 대한 작곡가 리하르트 바그너Richard Wagner의 공격을 그림으로 표현했다. "최후의 심판에서는 이승에서 감히 숭고하고 순수한 예술에 불순물을 섞으려 한 모든 자, 천박한 감정과 물질적 쾌락에 대한 값싼 탐욕으로 예술을 더럽히고 비하한 모든 자가 처참한 슬픔에 빠지는 저주를 받을 거라고 나는 믿는다."

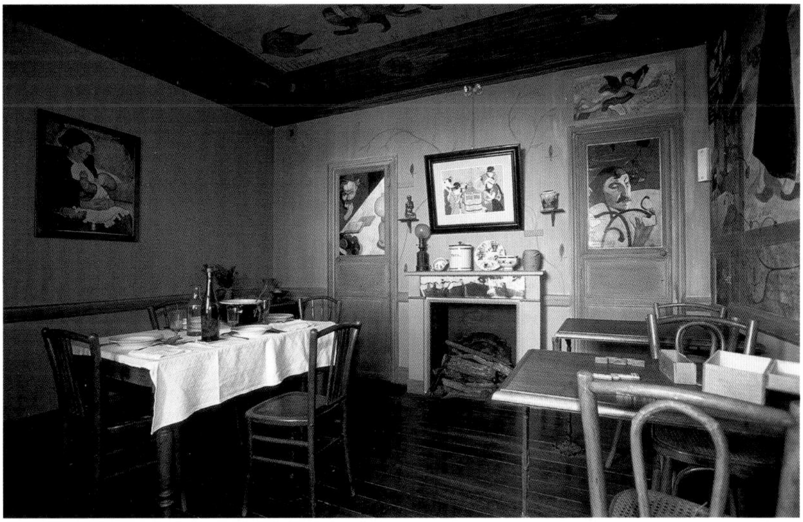

뷔베트 드 라 플라주의 식당을 복원한 모습.

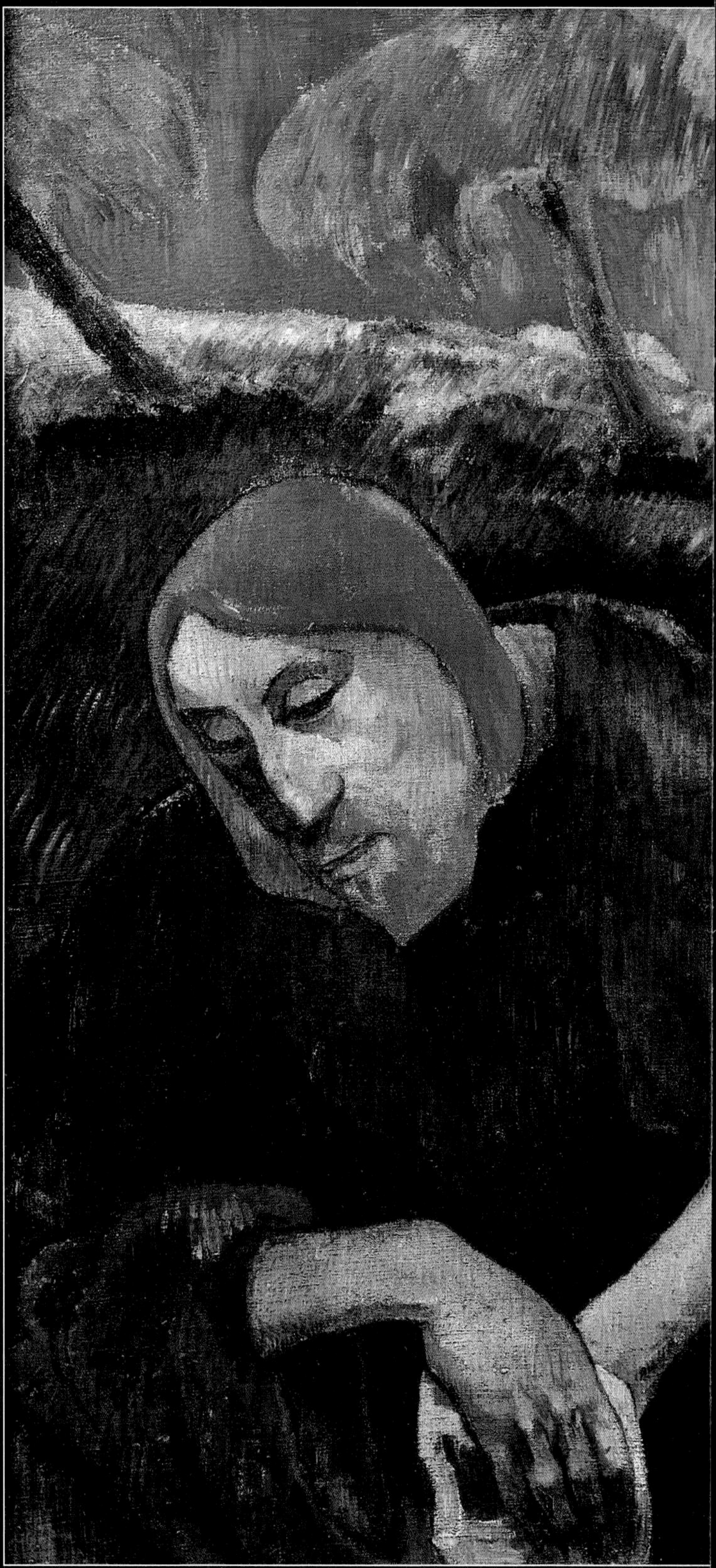

올리브 정원의 그리스도

Christ in the Garden of Olives

폴 고갱, 1889

캔버스에 유채

72.4 × 91.4 cm (28 1/2 × 36 in)

-텀 미술관, 웨스트팜비치, 플로리다

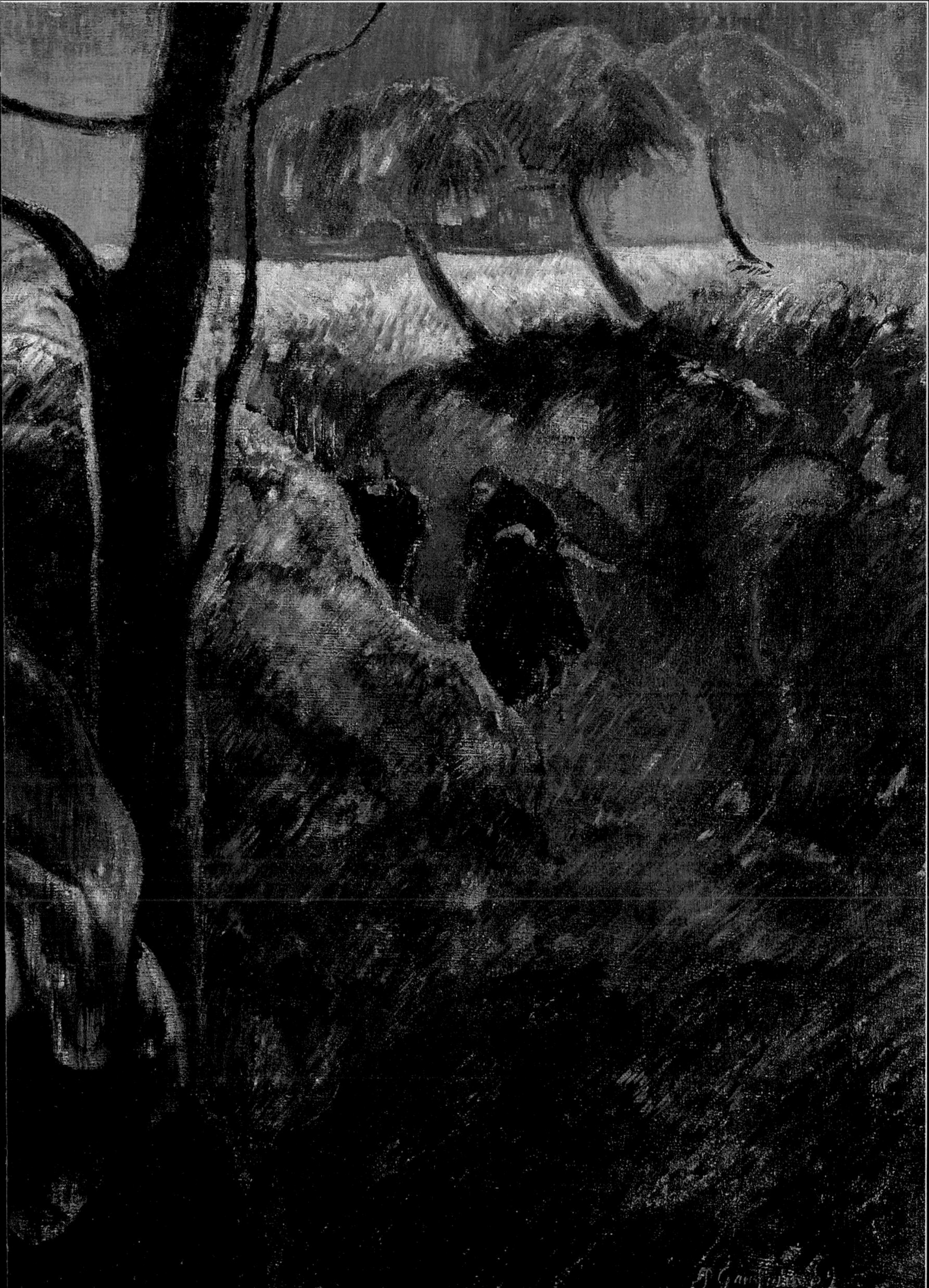

〈올리브 정원의 그리스도〉

고갱은 르풀뒤 시절을 마감할 무렵에 〈올리브 정원의 그리스도Christ in the Garden of Olives〉를 그렸다. 그는 이 작품에서 브르타뉴 시절의 두 가지 위대한 혁신을 결합했다. 첫째로는 왜곡된 형태와 비자연주의적 색채로 생각과 감정을 상징적으로 표현하고, 두 번째로는 종교적 주제를 선택하여 복잡한 개인적 의미를 전달했다.

한 차원으로 보면 이 작품은 단순한 종교화다. 그림의 사건은 복음서에 나오는 사건이다. 예수가 십자가에 못 박히기 전날 밤에 예루살렘의 올리브 산감람산 자락의 정원에서 기도하는 장면이다. 연푸른색으로 그린 하늘은 동이 터오고 있고 날이 밝으면 예수가 최후의 희생을 맞이한다는 사실을 암시한다. 배경에 있는 어슴푸레한 형상의 두 사람은 예수가 기도하는 동안 약간 떨어져 잠들어 있는 제자들일 것이다.

다른 차원으로 보면 이 그림은 고갱에게 개인적으로 울림이 큰 작품이다. 아를에서 지내던 시기에 반 고흐가 종교화의 가치를 자주 언급했는데, 고갱은 반 고흐의 주장을 대부분 가차 없이 묵살했다. 〈올리브 정원의 그리스도〉는 반 고흐의 관심사에 대한 때늦은 죄책감에서 나온 대답이다. 고갱이 반 고흐를 마음에 두고 이 그림을 그렸다는 사실은 예수의 빨간 머리와 수염에서 확인할 수 있다. 고갱은 반 고흐에게 보내는 편지에 이 그림의 스케치를 동봉했다. 반 고흐는 여전히 화가는 상상이나 기억을 소재로 그리는 사람이 아니라 세계를 면밀히 관찰해야 한다는 신념을 고수한 터라, 고갱의 올리브 나무를 보고 전혀 설득력이 없는 그림이라고 혹평했다.

이 작품이 어느 정도 반 고흐에 대한 고갱의 감정과 관계가 있다면, 한편으로는 고갱의 자화상일 가능성도 다분하다. 가령 예수의 이목구비가 고갱의 얼굴과 상당히 유사하다. 예수의 얼굴에서 눈꺼풀이 반쯤 감긴 눈과 매부리코는 고갱의 유명한 생김새이자 그가 〈황색 그리스도가 있는 자화상〉을 비롯한 자화상에서 항상 과장해서 그리는 특징이기도 하다. 따라서 고갱은 스스로를 제자들에게 배신당하고 고뇌에 찬 구세주로 여기고 올리브 정원에서 밤을 보낸 다음날 아침에 가리옷 유다의 입맞춤을 받고 배신을 당하는 예수와 같은 처지로 그린 것이다.

이 작품은 고갱이 스스로를 예술가로서 어떻게 생각하는지, 제자들과의 관계가 얼마나 껄끄러웠는지를 자세히 보여준다. 고갱은 상징주의자로서 스스로를 타고난 예언자이자 비범한 인물로서 내면의 환상을 품고 세상의 신비에 관한 심오한 지혜를 갖추었다고 생각하고 싶어 했다. 뿐만 아니라 진실한 친구 몇 명에게 지원을 받아도 여전히 작품을 팔지 못하는 현실을 통절히 인식하고 있었다. 자기를 예수로 표현한 것은 그가 이해받지 못하는 천재이고 그의 메시지를 듣지 못하는 사람들의 손에서 시달릴 운명에 처한 비범한 존재라는 자기 인식을 드러내는 좋은 방법이다. 그는 또한 주변 사람들과 갈등을 일으키고 그만의 예술적 혁신이라고 여기는 기법을 철저히 고수하는 경향이 있었다. 자꾸만 베르나르를 의심하면서 베르나르가 제자로 남지 않고 경쟁자가 될까봐 두려워했고, 더 이상 돈을 보내주지 않는 파리의 옛 친구들에게도 실망했다. 예수/고갱의 뒤에 숨어 있는 어두운 형상들은 제일 가까운 친구들을 믿지 못할 수 있다는 편집증적 두려움을 상징한다.

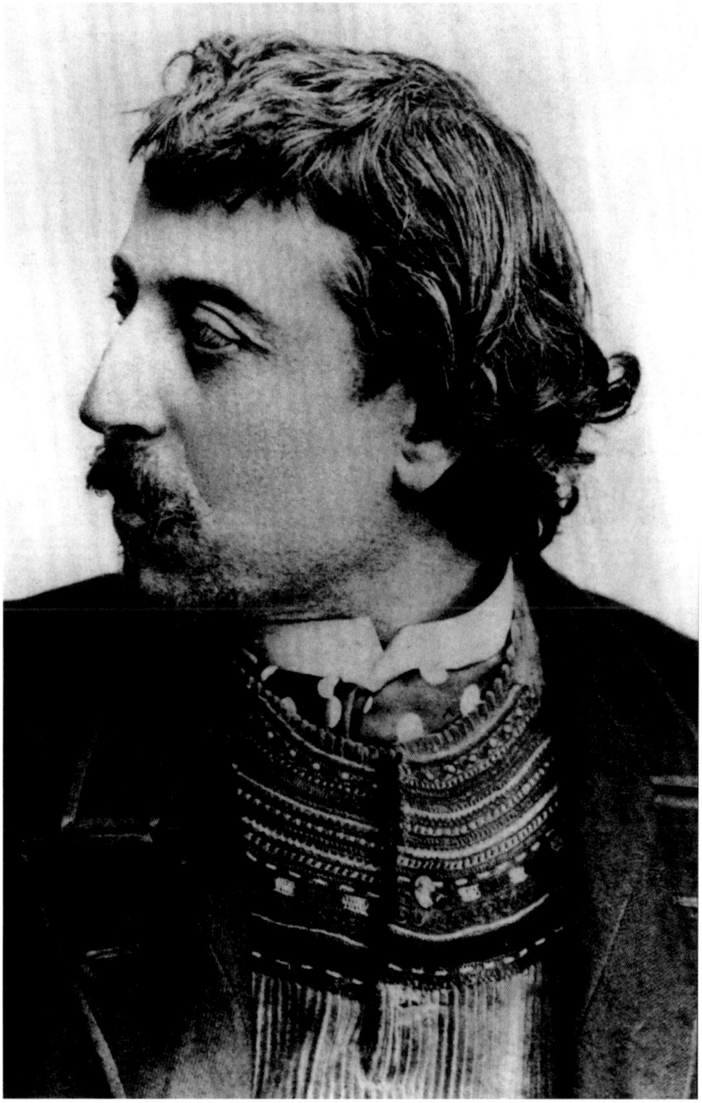

코펜하겐에서 브르타뉴 카디건을 입고 있는 고갱, 1891년 경.

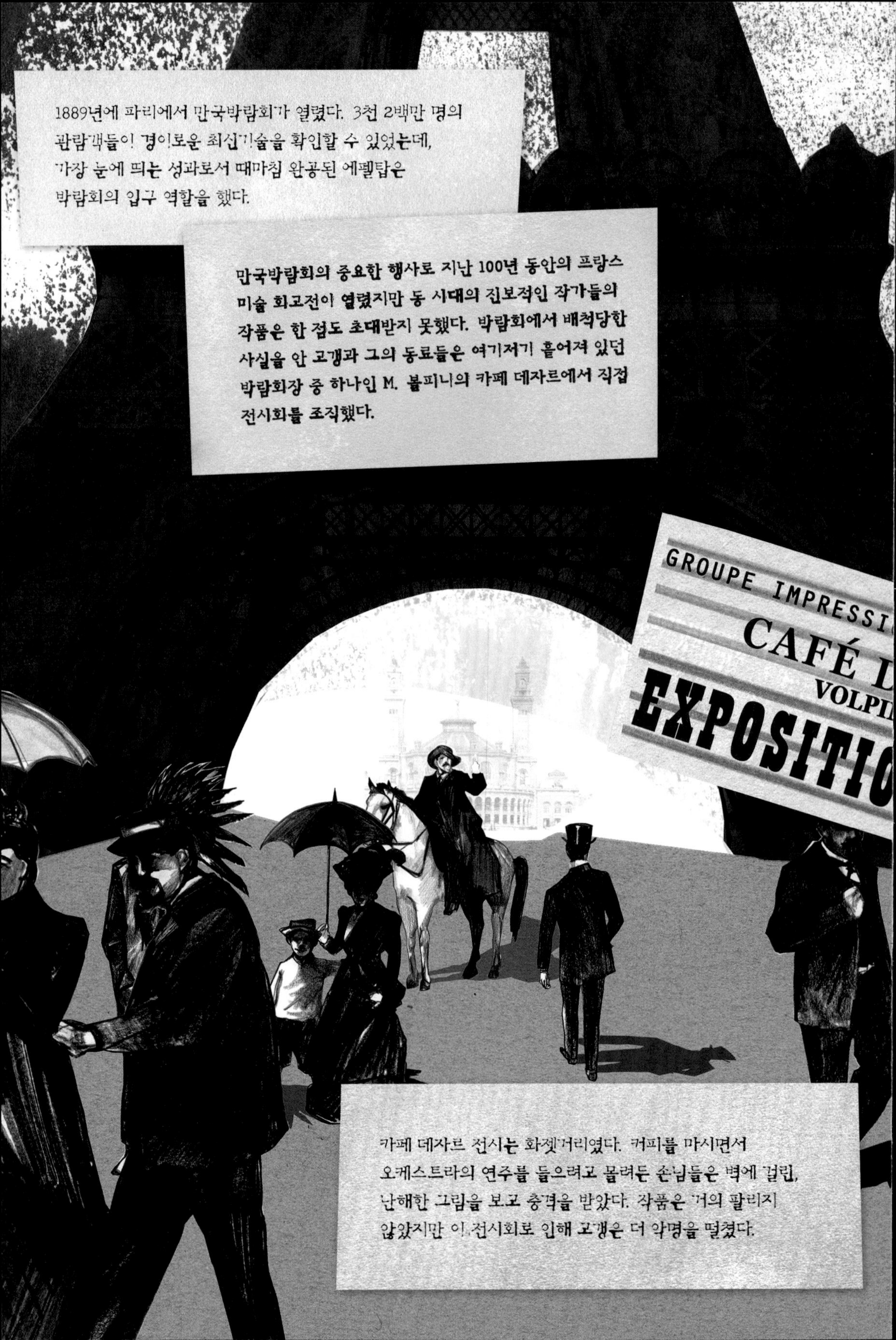
1889년에 파리에서 만국박람회가 열렸다. 3천 2백만 명의 관람객들이 경이로운 최신기술을 확인할 수 있었는데, 가장 눈에 띄는 성과로서 때마침 완공된 에펠탑은 박람회의 입구 역할을 했다.
만국박람회의 중요한 행사로 지난 100년 동안의 프랑스 미술 회고전이 열렸지만 동 시대의 진보적인 작가들의 작품은 한 점도 초대받지 못했다. 박람회에서 배척당한 사실을 안 고갱과 그의 동료들은 여기저기 흩어져 있던 박람회장 중 하나인 M. 볼피니의 카페 데자르에서 직접 전시회를 조직했다.
카페 데자르 전시는 화젯거리였다. 커피를 마시면서 오케스트라의 연주를 들으려고 몰려든 손님들은 벽에 걸린, 난해한 그림을 보고 충격을 받았다. 작품은 거의 팔리지 않았지만 이 전시회로 인해 고갱은 더 악명을 떨쳤다.

열대를 꿈꾸다

만국박람회는 과학적으로 획기적인 행사였을 뿐 아니라 대중에게 즐거움을 선사하는 볼거리도 있었다. 관람객들이 줄지어서 세계에서 제일 큰 다이아몬드를 구경하고 버팔로 빌과 애니 오클리가 야생마와 아메리카 원주민을 이끌고 와서 선보인 화려한 대서부 공연을 보려고 기다렸다.

고갱은 프랑스 식민지의 원주민들과 그들의 문화를 선보이는 전시관에 매료당했다. 그는 마다가스카르에서 온 미술품과 건축물을 살펴보고 자바 섬의 한 마을을 복제한 민속관에서 오래 머물면서 무희들의 낯선 춤사위에 매료되었다. 또 중앙 자바 보로부두르의 불교 사원 사진을 여러 장 구입했다. 훗날 이 사진을 소재로 가장 중요한 작품 몇 점을 제작했다.

박람회에서 무희들을 본 후로 열대로 떠나고 싶은 열망이 되살아났다. 처음에는 마다가스카르를 여행할 생각으로 베르나르에게 같이 떠나자고 설득해봤지만 소용이 없었다. 그는 베르나르에게 보내는 편지에 마다가스카르 섬은 "온갖 종류의 매력적인 것들, 신비주의와 상징주의를 보여준다네. 그곳에는 캘커타에서 온 인도인, 아랍의 흑인 부족, 폴리네시아의 호바 족이 있지."라고 썼다. 고갱은 마다가스카르에 가본 적은 없었지만 먼 나라로 여행한다는 생각에 푹 빠졌다. 그리고 2년 후 타히티로 떠났다.

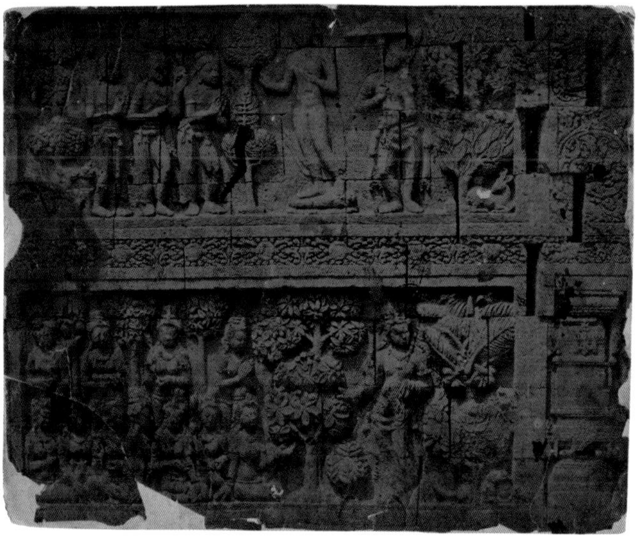

9세기 불교 사원의 돋을새김,
보로부두르, 자바.

원래 고갱의 소장품에 있던 사진.

24 × 30 cm (9 $^{1}/_{2}$ × 11 $^{3}/_{4}$ in)
타히티 박물관.

〈사랑하라 그러면 행복하리라〉

고갱은 만국박람회에 방문한 후 〈사랑하라 그러면 행복하리라Soyez amoureuses vous serez heureuses〉를 조각했다. 갈색 염료로 어둡게 칠한 주요 여성 인물은 박람회에서 본 무희들을 비롯한 식민지 사람들을 연상시킨다. 작품의 다른 요소들은 정확히 알아보기 어렵다. 여우처럼 생긴 동물은 작가의 화신化身이고, – 고갱은 가끔 스스로를 교활한 여우로 불렀다 – 그 위에 손으로 머리를 감싼 기괴한 여인은 고갱이 파리 트로카데로의 민속박물관에서 본 페루 미라의 자세를 연상시키는 인물이자 리마에서 보낸 어린 시절과도 관련이 있을 수 있다. 오른쪽 상단 구석에 있는 남자 형상은 손가락을 입에 넣고 아리송한 자세로 불가사의하게 내려다본다. 그밖에도 이상한 인물과 기괴한 얼굴들이 반쯤 가려진 시점에서 훔쳐보고 있어서 작품이 전반적으로 혼란스러워 보인다. 훌륭한 상징주의 양식으로서 아무것도 명확히 드러내지 않고 여러 가지 가능성을 넌지시 비친다. 켜켜이 의미가 쌓이면서 심오하고 신비로운 느낌이 작품에 더해져서, 명확히 밝히지 않아도 심오한 진실이 드러나는 것 같다.

고갱이 박람회에서 본 공연자들에 보이는 태도는 큰 논란을 불러일으켰다. 일각에서는 그가 전형적인 프랑스 남자로서 외국에서 온 육체들을 구경거리로 즐겼다고 여겼다. 다른 한쪽에서는 그가 공연하는 사람들의 어려운 처지에 동정심을 드러낸 것으로 보았다. 공연자들 대부분이 본인의 의지와 상관없이 멀리 유럽까지 끌려와서 동물원의 동물처럼 무대에 올랐다. 〈사랑하라 그러면 행복하리라〉라는 작품이 이런 문제를 해결하기 위해 무언가 하는 것은 아니다.

이 작품의 주인공 여자는 박람회에서 무대에 오른 사람들처럼 궁지에 몰린 사람으로 보인다. 위에서 내려와 여자의 손을 잡는 손은 – 작가의 손일까? – 여자를 끌어올려 구해주려는 걸까? 아니면 작가는 바로 음란하게 손가락을 물고 여자를 훔쳐보는 남성 인물일까?

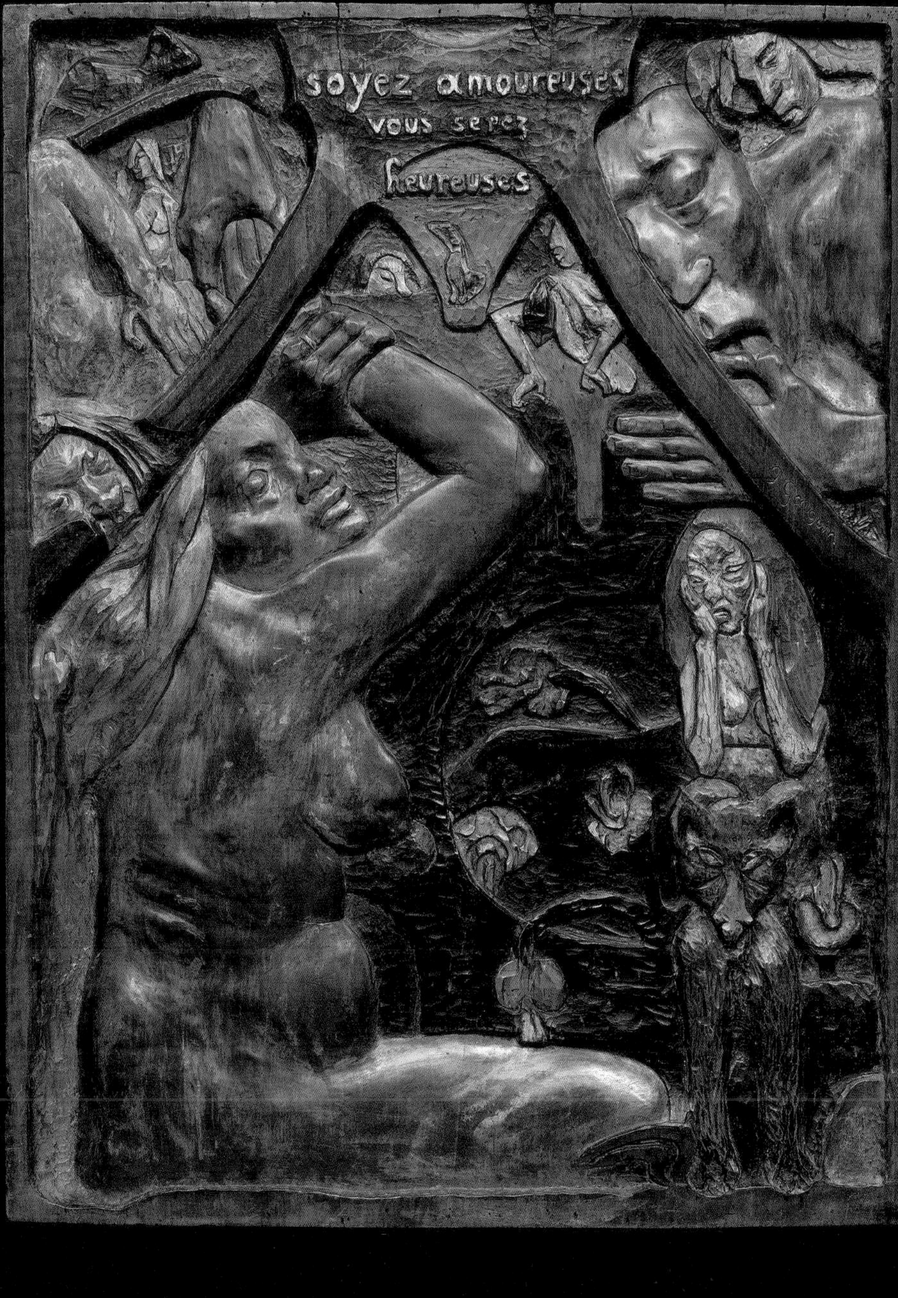

사랑하라 그러면 행복하리라

Soyez amoureuses vous serez heureuses

폴 고갱, 1889

린덴나무에 다색도 인쇄

95 × 72 cm ($37\frac{3}{8}$ × $28\frac{3}{8}$ in)

보스턴 미술관

아서 트레이시 캐벗 기금(57.582)

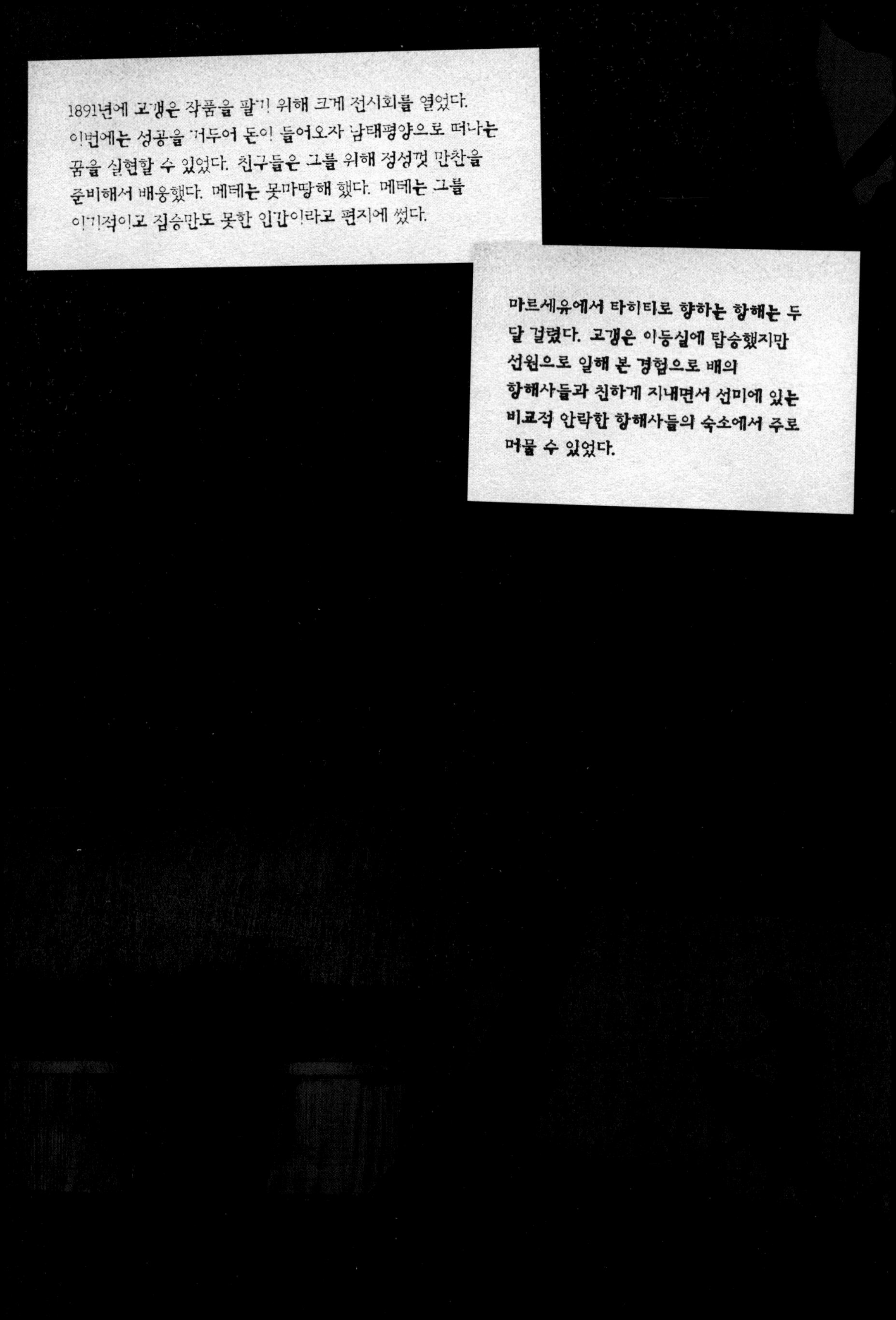

1891년에 고갱은 작품을 팔기 위해 크게 전시회를 열었다. 이번에는 성공을 거두어 돈이 들어오자 남태평양으로 떠나는 꿈을 실현할 수 있었다. 친구들은 그를 위해 정성껏 만찬을 준비해서 배웅했다. 메테는 못마땅해 했다. 메테는 그를 이기적이고 짐승만도 못한 인간이라고 편지에 썼다.

마르세유에서 타히티로 향하는 항해는 두 달 걸렸다. 고갱은 이등실에 탑승했지만 선원으로 일해 본 경험으로 배의 항해사들과 친하게 지내면서 선미에 있는 비교적 안락한 항해사들의 숙소에서 주로 머물 수 있었다.

고갱이 타히티에서 무엇을 찾고 싶었는지는 메테에게 보낸 편지에 명확히 드러난다. "그날이 - 조만간 - 올 것 같소. 남쪽 바다 어느 섬의 숲 속에 숨어들고 황홀경에 젖어서 평화롭게 예술을 위해 살 수 있는 그날이. 새로운 가족과 함께, 돈 때문에 싸우는 유럽에서 멀리 떨어져서." 새로운 가족을 언급한 이유는 별거 중인 아내에게 상처를 주기 위해서였다.

유럽인들은 타히티에 첫 발을 들여놓은 이후 줄곧 이곳을 지상낙원으로 여겼다. 선원들은 끝없이 펼쳐진 바다를 건너서 마침내 이 섬에 도착한 순간 따스한 공기와 풍성한 초목과 사랑에 빠졌다.

고갱은 꾸준히 수기를 썼다. 약속의 땅에 발을 딛고 싶은 강렬한 욕망과 섬을 처음 본 순간의 흥분을 수기에 묘사했다. 시커먼 하늘을 배경으로 지평선에서 삐죽삐죽 솟아오른 산의 윤곽이 보였다. 대홍수가 끝나고 처음 나타난 육지, 단 하나 남은 가족이 매달린 마른 땅 같았다고 적었다. 성서에 빗댄 것으로 보아 고갱은 분명 타히티를 일종의 에덴으로 생각했을 것이다.

잃어버린 낙원

고갱은 타히티의 수도 파페에테에 도착했을 때 크게 실망했다. 그곳은 때 묻지 않은 에덴동산이 아니라 전형적인 프랑스 식민지일 뿐이었다. 유럽풍 건축물이 새로 지어지고, 식민지 관료들이 원주민에게 본국의 법과 규칙을 강요하고, 개신교와 가톨릭 선교사들은 원주민에게 그들의 신앙을 버리고 기독교에 귀의하게 만들려고 혈안이 되어 있었다. 고갱은 이렇게 개탄했다. "타히티는 나날이 프랑스가 되어가고 이곳의 오랜 삶은 서서히 사라질 것이다." 그가 야만을 보고 싶었던 곳에는 "유럽의 풍습과 관례, 악덕과 문명화의 부조리를 희화한 것이라 할 만큼 기괴하게 모방한 모습이 있고 여기에 식민지의 속물근성까지 더해져서 더 흉측한 유럽의 생활양식만 남아있었다." 그는 씁쓸한 심정으로 일기장에 유럽의 군복을 입은 타히티 왕의 사진을 붙였다.

타히티 사람들은 이상한 옷차림에 머리를 길게 기른 고갱을 재미있는 사람으로 보았다. 그러나 식민지 당국은 그리 재미있게 생각하지 않았다. 프랑스인 식민지 총독은 고갱이 화가가 아니라 본국에서 자기를 감시하라고 보낸 첩자라고 의심했다.

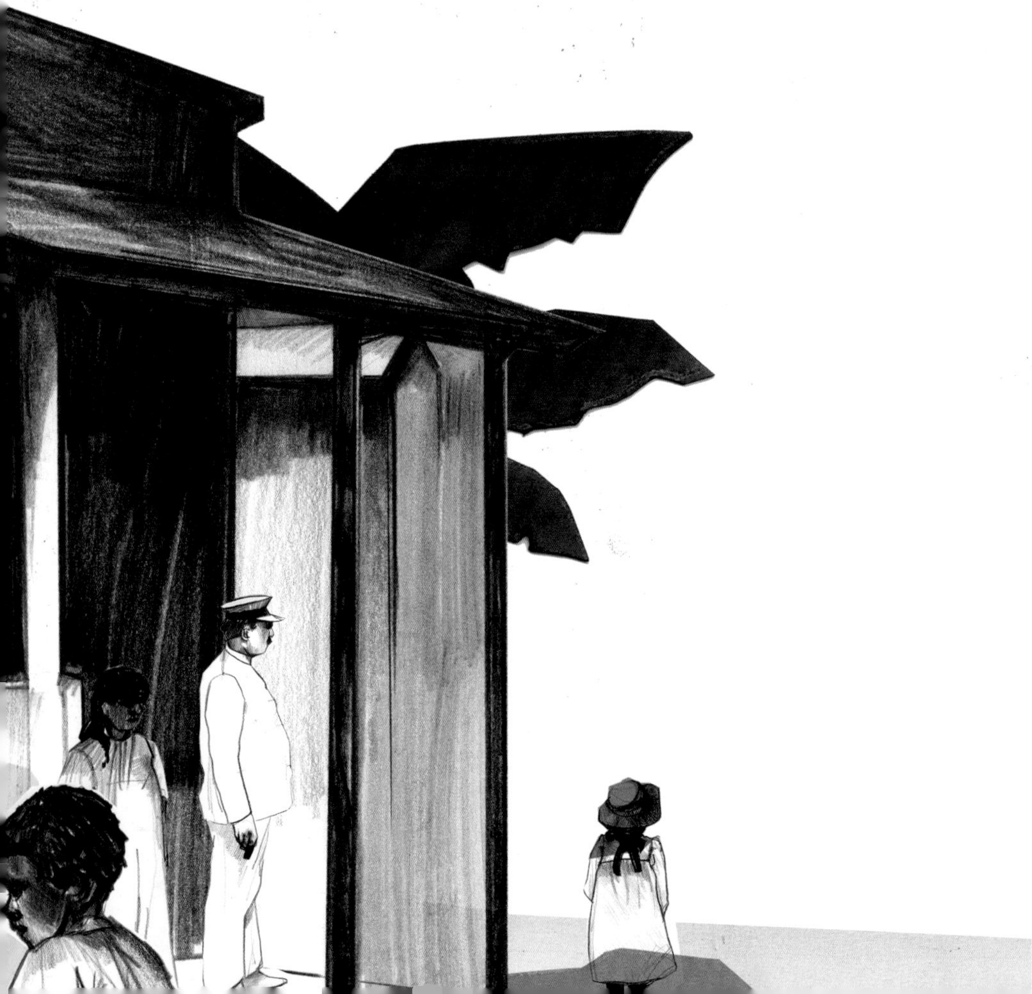

야만의 자취

고갱은 크게 실망하고도 한편으로 타히티 사람들은 분명 이제 막 받아들인 유럽의 관습과 복식 아래 그들만의 참된 본성을 간직하고 있을 거라고 믿었다. 그리고 참된 본성이란 그들의 눈 속 깊은 곳에서 이글거리는 본능적이고 동물적인 우아함과 열정이라고 설명했다. 고갱은 타히티 여인들의 우아한 아름다움에 끌리면서도 한편으로는 식인 풍습의 본능을 상상하고 겁을 먹었다. 그는 수기에 그가 지어낸 이야기일 법한 사건을 적었다. 파페에테에서 타히티 궁전의 공주를 만난 사건이었다. 공주가 처음 그의 방에 들어왔을 때 그는 공주가 포악한 짐승처럼 생겼고 그녀의 '식인종' 같은 턱이 금방이라도 물어뜯을 것 같다고 생각했다. 그러나 공주와 압생트 한 병을 나눠 마신 후 생각이 바뀌어, 이제는 공주에게서 관능적인 아름다움을 발견할 수 있었다. 고갱은 타히티 여자들을 볼 때 다른 유럽에서 온 사람들과 마찬가지로 서구인에 의해 한 세기 넘게 되풀이 된 폴리네시아에 관한 근거 없는 믿음을 – 좋은 쪽이든 나쁜 쪽이든 – 받아들였다.

밀림 속으로

고갱이 여느 유럽인 여행자들과 다른 이유는 타히티와 그곳의 문화에 최대한 가까이 다가가고 싶은 강렬한 열망을 드러냈기 때문이다. 그의 강렬한 열망은 문명의 삶을 버리고 마침내 그가 오랫동안 염원하던 야만인이 되는 것이었다. 그래서 아직 오염되지 않은 순수를 간직한 타히티를 찾기 위해 파페에테를 떠나 타히티 남부해안의 마타이에아라는 작은 마을에서 통나무 오두막을 빌렸다. 오두막에서 내다보면 푸른 산호초 너머로 광대한 바다가 보였다. 동쪽으로 섬의 끝자락과 루니우 산의 가파른 산비탈이 보였다. 오두막 주위에는 코코야자와 빵나무와 거대한 양치식물이 자랐다. 고갱은 섬의 남자들이 고기를 잡고 여자들이 해변에서 그물을 손질하는 모습을 하염없이 바라보았다.

행복하기는 했지만 얼마 지나지 않아서 고갱은 그가 상상한 만큼 삶이 그리 단순하지 않다는 사실을 깨달았다. 그는 떠나기 전에 덴마크 화가 친구인 옌스 빌룸센J. F. Willumsen에게 보내는 편지에 "타히티 사람들은 겨울을 모르는 하늘 아래 놀랄 만큼 비옥한 땅에서 손만 뻗으면 먹을 걸 딸 수 있다네. 그래서 절대로 일하지 않지."라고 썼다. 현실적으로 고갱 혼자 힘으로는 살아갈 수 없었다. 그는 고기를 잡지도 못하고 들에서 자라는 곡식은 농부들의 것이었다. 다행히 마을 사람들이 고갱을 딱하게 여겨서 음식을 가져다주었다. 고갱은 메테에게 보내는 편지에서 타히티 사람들의 친절한 마음씨를 언급하면서 그들은 비록 '야만인'으로 불리지만 넉넉한 인심만큼은 유럽인들보다 더 문명인이라고 적었다.

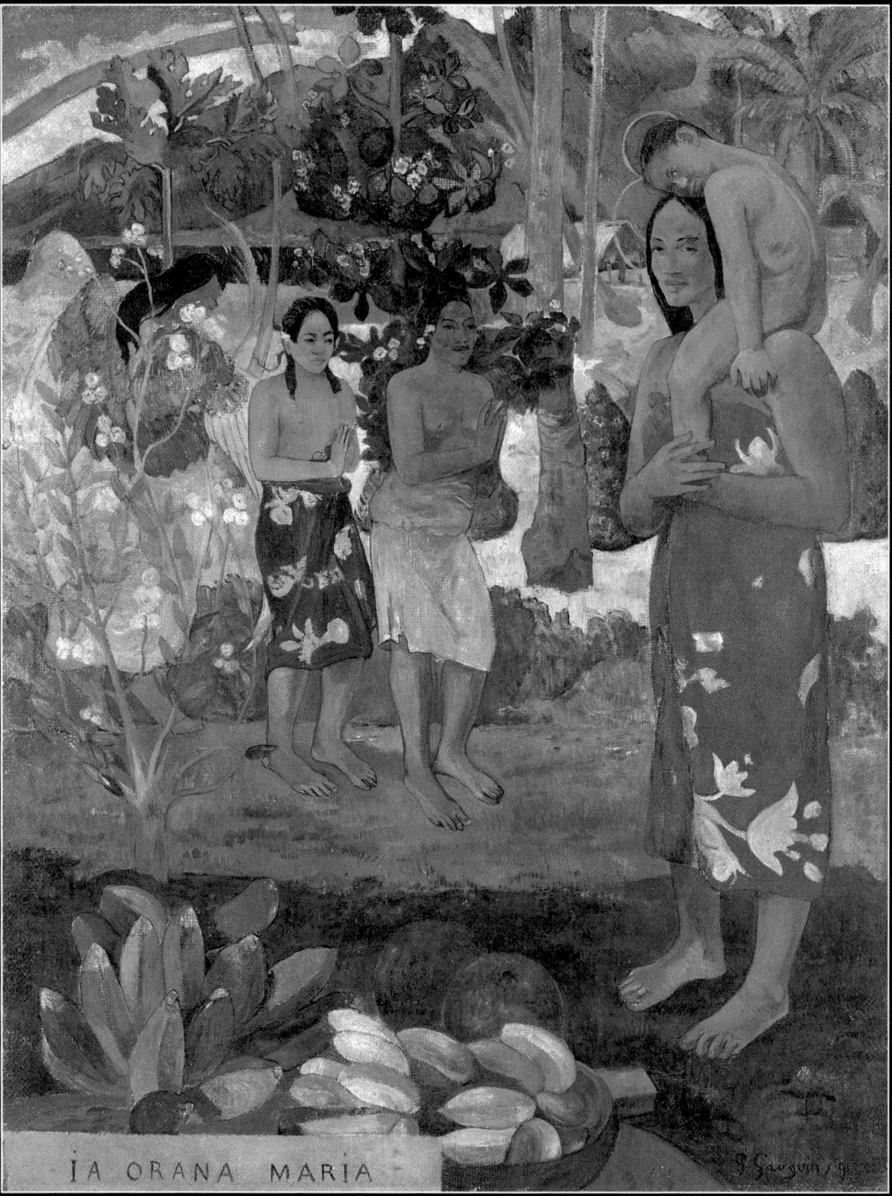

이아 오라나 마리아(마리아를 경배하라)

Ia Orana Maria

폴 고갱, 1891

캔버스에 유채

113.7 × 87.6 cm (44 3/4 × 34 1/2 in)
메트로폴리탄 미술관, 뉴욕.
샘 A. 루이손의 유산, 1951. Acc.n: 51.112.2

〈이아 오라나 마리아〉

〈이아 오라나 마리아Ia Orana Maria〉에서 고갱은 타히티를 낙원으로 그렸다. 파랗게 빛나는 남쪽 하늘 아래 신록이 우거진 자연이 제멋대로 뻗어나가고, 전경에는 싱싱한 망고와 빵나무열매가 한가득 쌓여 있다. 고갱은 에덴동산 같은 장면의 중심에 이상적인 여인과 아이를 배치하고 다른 여자 둘을 그려 넣는다. 여인의 고귀한 얼굴과 강인한 팔다리는 고갱이 수기에 섬사람들의 자연스러운 아름다움으로 묘사한 모습과 일치한다. 그는 타히티 사람들이 유럽인보다 남녀의 차이가 적다고 보았다. 활력 넘치는 폴리네시아 여자들을 코르셋으로 몸을 옭죄어 창백하고 연약한 프랑스 여자들과 비교했다. 폴리네시아 여자들이 허리에 두르는 옷인 파레오pareo와 과일과 초목의 화사한 색상에는 타히티를 화려하고 관능적인 따스함을 간직한 곳으로 바라보던 고갱의 시각이 담겨 있다.

고갱은 자신이 타히티 문화에 동화되고 있다는 사실을 보여주기 위해 이 그림에 타히티어로 제목을 적어 넣었다. 〈아베마리아〉나 〈마리아를 경배하라〉로 번역되는 이 제목은 단순히 목가적인 섬 풍경을 그린 작품이 아니라는 점을 보여준다. 어머니와 아이는 유럽의 마리아와 예수 이미지를 연상시키고, 자세히 살펴보면 시중드는 두 여인 말고도 왼쪽 풀숲에 천사가 반쯤 몸을 숨기고 있다. 어쩌면 고갱은 타히티가 성서의 인물들과 같은 순수, 그러니까 유럽이 잃어버린 순수를 간직한 곳이라고 말하는지도 모른다. 혹은 마타이에아 사람들조차 기독교 선교사들에 의해 개종한 현실을 알고 있는지도 모른다.

고갱은 이 작품을 제작하면서 파리 만국박람회에서 구입한 보로부두르의 사진 한 장을 참조했다. 두 여인은 부처의 열성 신도들을 참조한 그림이었다. 그는 타히티에 올 때 여행 가방에 이런 이미지 자료를 잔뜩 담아 와서 작품에 종종 참조했다. 그는 그림의 소재로 삼은 이미지 자료를 '친구들'이라고 불렀다.

고갱의 여자들

고갱은 타히티의 풍경만큼이나 그곳의 여자들에게 매료되었고, 타히티 시절에는 부끄러울 정도로 메테를 거의 생각하지 않은 듯하다. 파페에테에 도착해서 티티라는 첫 번째 정부를 두었지만 티티가 절반만 타히티 사람이란 사실을 알고 실망했다. 티티의 아버지는 영국인이었다. 티티는 또한 도시 생활에 물들어 고갱의 취향에 비하면 지나치게 서양의 의상과 생활양식에 관심이 많았다. 고갱은 마타이에아로 떠나면서 티티를 데려가지 않았다. 티티가 문명의 때가 묻지 않은 폴리네시아 여인의 이상적인 이미지와는 맞지 않아서였다.

마타이에아에서 고갱은 마을의 어떤 처자에게 모델이 되어달라고 열심히 설득했다. 처음에는 거절당했다. 섬의 젊은 여자가 타지에서 온 낯선 사람을 경계하는 것은 당연했다. 하지만 그는 결국 여자의 승낙을 받아내고 여자가 마음을 바꾸기 전에 서둘러 스케치를 시작했다. 고갱은 다른 많은 타히티 사람을 그릴 때처럼 여자를 묘사했다. 유럽인의 기준으로 예쁘지는 않지만 아름답게 그렸다. 여자의 입을 모든 기쁨과 온갖 고통이 녹아 있는 표정이 풍부한 선 하나로 묘사했다.

처자는 고갱의 오두막에서 벽에 붙은 마네의 유명한 그림 〈올랭피아Olympia〉의 사진을 보았다. 그리고 "저 여자가 당신 부인이에요?"라고 물었다. 고갱은 장난으로 "그렇다." 라고 대답했다. 여자는 그림 속 여인이 아름답다고 단언했다. 고갱은 마네의 그림이 당시 프랑스 평단으로부터 충격적일만큼 못생겼다고 평가받은 점을 떠올리면서, 젊은 여인의 반응으로 미루어보건대 타히티 사람들에게는 유럽인들이 잃어버린, 진정한 아름다움을 보는 본능적인 심미안이 있다는 것을 알 수 있다고 적었다.

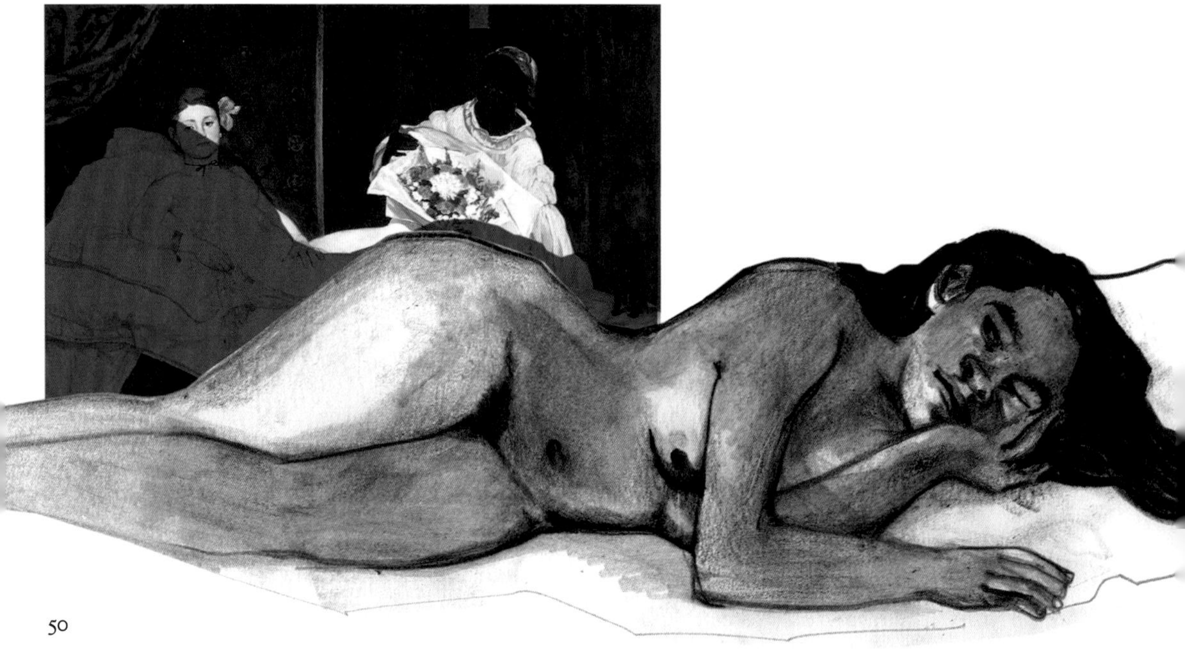

테하마나

고갱은 마타이에아의 아름다운 풍광에 황홀해하면서도 붓을 들지 못할 정도로 지독한 외로움에 시달렸다. 그래서 새 연인을 찾아 나섰다. 그는 말을 빌려 타고 해변에서 어슬렁거리다가 어느 작은 마을에서 식사를 초대받았다. 그 마을에서 한 여인이 고갱에게 딸 테하마나Teha'amana를 주겠다고 제안했고, 고갱은 제안을 받아들였다. 테하마나는 아주 많이 어렸지만 – 고작 열세 살이나 열네 살이었다 – 고갱은 타히티 수기에 현지 풍습일 뿐이라고 적고 둘의 관계를 정당화하려 했다. 그가 편지에 애매하게 언급한 이 상황을 덴마크인 아내가 어떻게 받아들였는지는 기록에 남아 있지 않다.

고갱은 테하마나에게 푹 빠졌다. 소녀가 자주 침묵에 빠지자 고갱은 그것을 심오한 내면의 지혜를 보여주는 증거로 여겼다. 소녀의 침묵은 내맡겨진 집의 주인인 프랑스인 화가에게 할 말이 거의 없다는 사실을 반영한다고도 볼 수 있지만 고갱은 어린 연인에게서 신비로운 면만 보았다. 고갱은 소녀의 까만 두 눈을 들여다보아도 도무지 무슨 생각을 하는지 읽어내지 못하자 그 속에서 동물적 순수와 야만적 비애를 보았다고 상상했다.

테하마나의 이국적 색다름이 불러일으키는 묘한 매력은 그녀의 왼쪽 발가락이 일곱 개라는 점에 의해 더 강렬해졌다. 테하마나를 옆에 둔 고갱은 그가 제 2의 고향으로 여기는 문화에 동화되는 느낌을 받았다. "문명이 서서히 나를 떠나고 있다. 나는 나날이 단순하게 생각하고 … 자유롭게 살면서 동물적이고 인간적인 쾌락을 맛보고 있다." 고갱은 몇 시간이고 쉴 새 없이 그림을 그리고 테하마나는 말없이 옆에 앉아 있곤 했다.

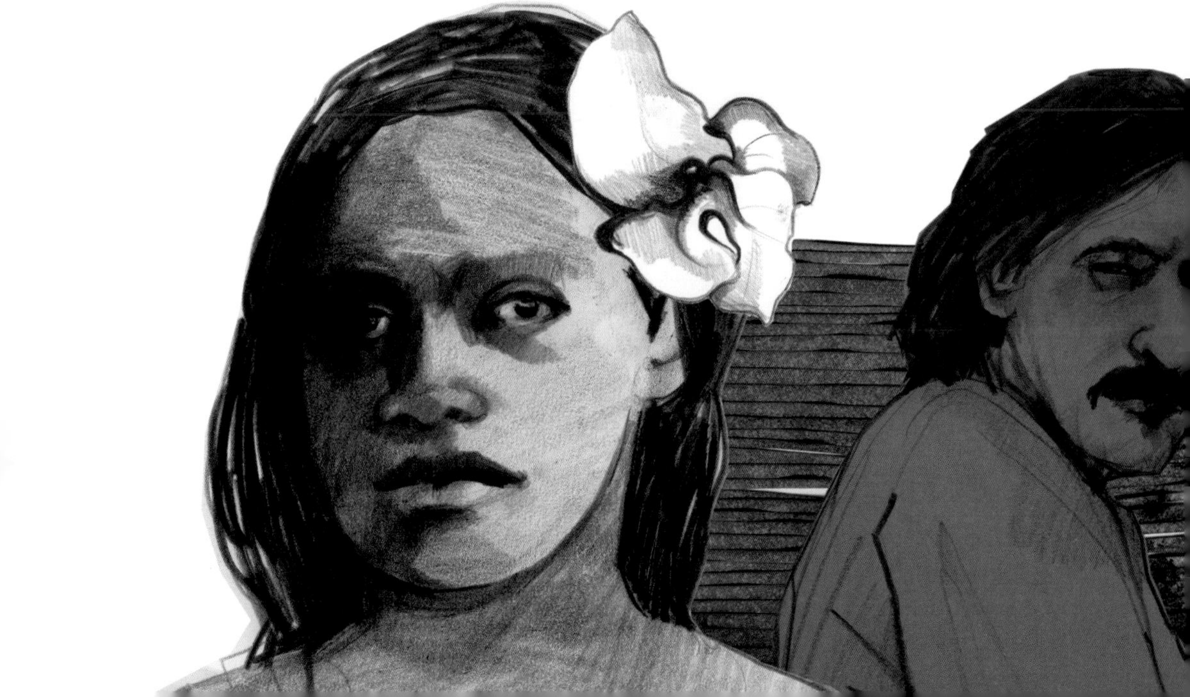

고갱은 무거운 정적에 휩싸인 타히티의 밤에 매료당했다. 메테에게 보내는 편지에 이렇게 적었다. "타히티의 괴괴한 밤은 다른 무엇보다 기이하오. 적막만이 가득할 뿐 새 울음소리 하나 우리의 휴식을 깨트리지 않는다오. 여기저기 커다란 마른 잎이 떨어지지만 소리는 들리지 않는다오. 영혼의 가벼운 손길 같다고나 할까. 섬사람들이 밤에 곧잘 나다니지만 맨발이라 소리가 나지 않는다오."

고갱은 어둠이 깔리는 시간에 타히티가 심오한 신비를 내보인다고 믿었다. 그는 상상속의 밤 시간이 남태평양의 영혼과 신령들과 만난다고 수기에 적었다.

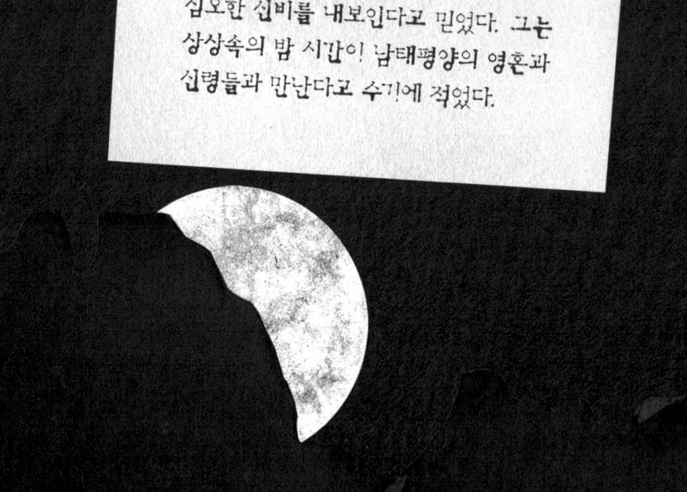

고갱은 아오라이 산에서 인광燐光을 직접 보고 싶어 했다. 민간신앙에 따르면 인광은 어둠이 내릴 때 살아 있는 자손들을 찾아오는 조상들의 혼령이라고 했다. 고갱은 칠흑같이 어두운 밤에 얼굴 앞에서 불가루가 날리듯 어른거리는 빛을 보기는 했지만 불 지필 때 넣은 죽은 나무에 붙어 있던 균류에서 발산하는 빛일 뿐이라고 수기에 적었다.

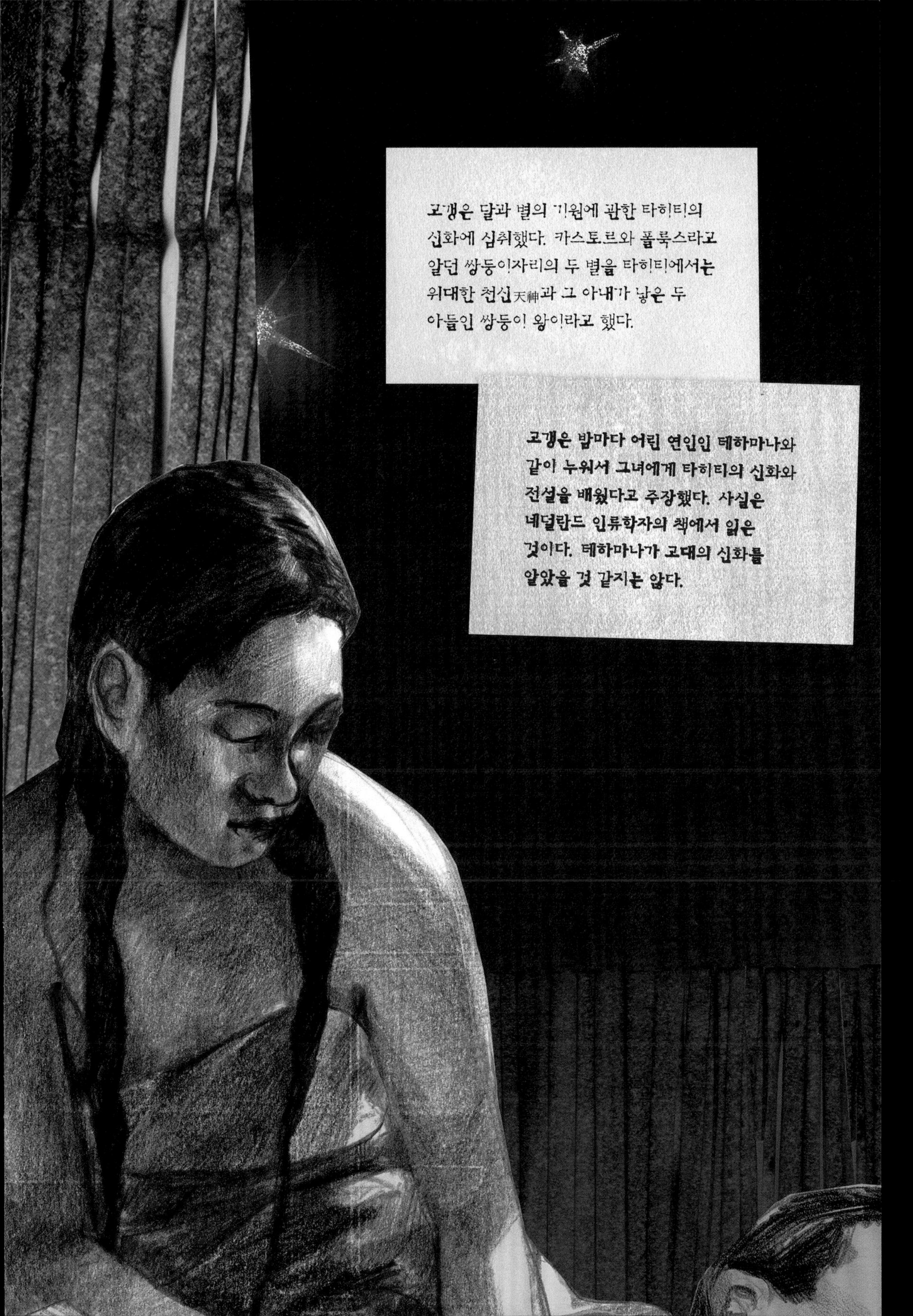
고갱은 달과 별의 기원에 관한 타히티의 신화에 심취했다. 카스토르와 폴룩스라고 알던 쌍둥이자리의 두 별을 타히티에서는 위대한 천신天神과 그 아내가 낳은 두 아들인 쌍둥이 왕이라고 했다.
고갱은 밤마다 어린 연인인 테하마나와 같이 누워서 그녀에게 타히티의 신화와 전설을 배웠다고 주장했다. 사실은 네덜란드 인류학자의 책에서 읽은 것이다. 테하마나가 고대의 신화를 알았을 것 같지는 않다.

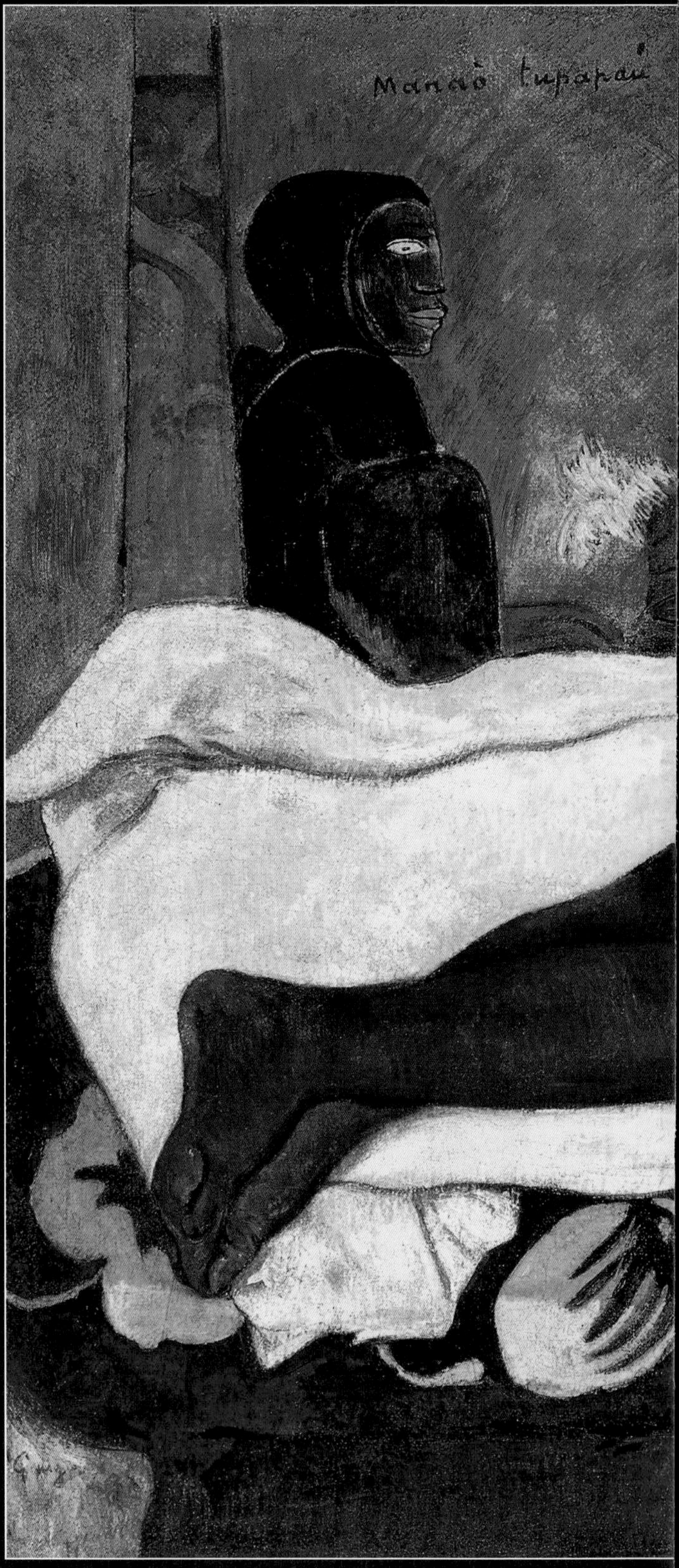

마나오 투파파우(저승사자의 눈길)
Manao tupapau

폴 고갱, 1892

삼베를 씌운 캔버스에 유채
116 × 134.6 cm (45 5/8 × 53 in)
올브라이트 녹스 미술관, 버펄로, 뉴욕
A. 콩어 굿이어 소장품, 1965

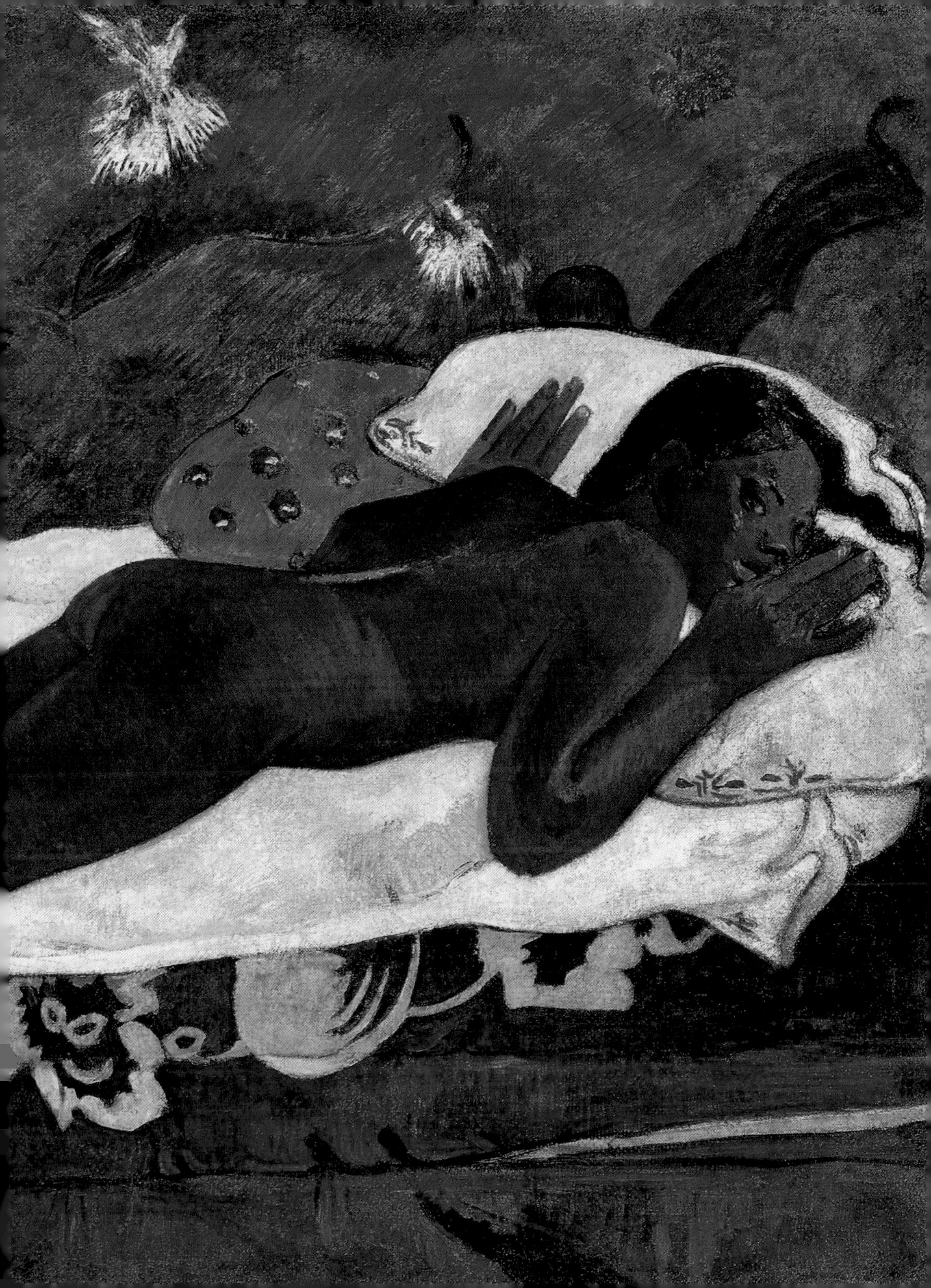

〈마나오 투파파우〉

어느 날 밤에 고갱이 시내에 나갔다가 돌아와 보니 그의 시골집이 어둠 속에 서 있었다. 문득 괴이한 생각에 몸서리를 치면서 성냥을 켜자 테하마나수기에는 테후라라고 불렀다가 두려움에 사로잡힌 채 침대에 누워 있었다. 고갱은 그 장면을 이렇게 묘사했다. "테후라가 벌거벗은 채 꼼짝도 않고 엎드려 있었고, 공포에 사로잡혀 눈을 부릅떴다. 그녀는 나를 보고도 알아보지 못하는 것 같았다. 그순간 나는 이상하게 머뭇거리면서 잠시 그대로 서 있었다. 테후라의 공포가 전염병처럼 퍼졌다. 나는 테후라의 노려보는 두 눈이 인광을 발산하는 것 같은 환상을 보았다. 그토록 아름다운, 그토록 벌벌 떨면서 아름다운 테후라를 본 적이 없었다 … 나는 소녀의 공포 발작을 자극할까봐 겁이 나서 꼼짝도 하지 못했다. 그순간 내가 소녀에게 무엇으로 보였을지 어떻게 알 수 있을까? 소녀는 놀란 내 얼굴을 보고는 나를 악마와 유령, 그녀의 동족들을 밤마다 잠 못 이루게 하는 전설의 투파파우*로 보았을까?"

* 저승사자

고갱은 음탕하게도 소녀의 공포에 흥분한 듯하다. 〈마나오 투파파우Manao tupapau〉라는 작품에서 소녀의 연약한 육체를 표현하면서 그림의 한가운데 눈에 띄게 배치하여 강렬한 쾌감을 느낀다. 그러나 한편으로는 소녀에게 공감하려고 애쓰면서 그가 소녀에게 어떻게 보였을지 상상한다. 고갱은 우리가 자신을 무심한 관찰자가 아니라

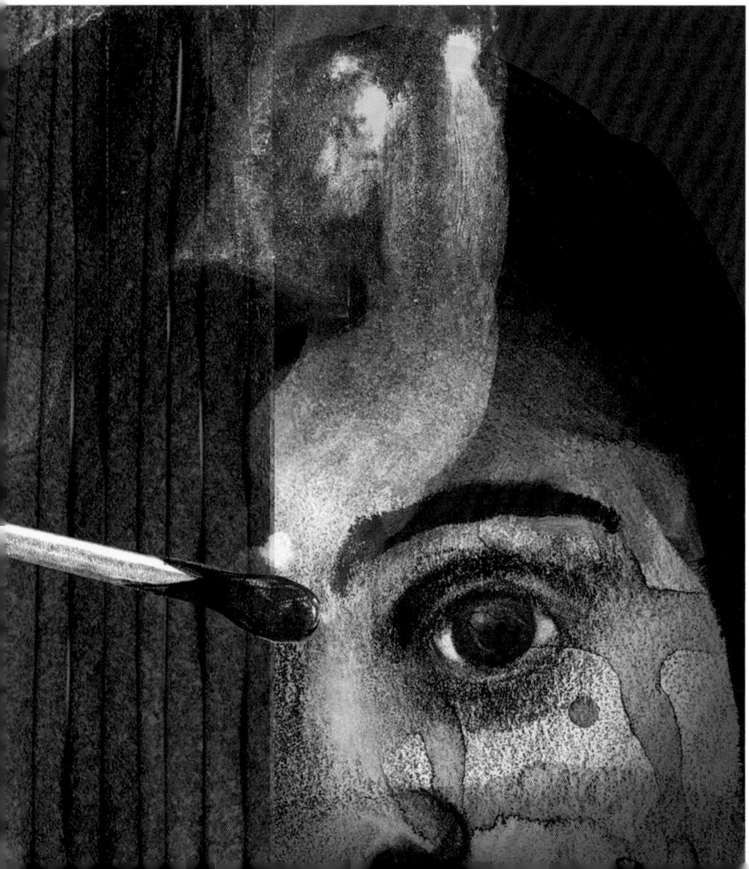

타히티의 경험에 뛰어든 사람으로 봐주기를 원한다. 테하마나처럼 고갱도 투파파우의 존재를 알아채서 왼쪽에 조각을 새긴 침대기둥에 기댄 모습으로 그린다. 이 작품에서 고갱은 원근법을 피함으로써 화가와 그가 본 장면 사이의 거리를 최소화하는 한편, 형태와 색을 단순화시켜 그가 문명화된 양식을 벗어던지고 타히티 사람들처럼 '원시인'이 되었다고 암시한다.

기독교 선교사들이 타히티 토착민의 민간신앙을 거의 다 근절했지만 투파파우에 대한 두려움은 끝까지 사라지지 않았다. 그의 주장대로 테하마나에게 배운 것이 아니라 책에서 배운 폴리네시아의 신화의 내용과는 달리, 고갱은 어린 연인에게 밤에 출몰하는 귀신 이야기를 들려준 듯하다. 고갱은 테하마나가 어둠 속에서 기다리면서 두려움에 떠는 모습을 정확히 담아내기 위해 우울한 색채를 사용했다. 그는 이렇게 적었다. "침통하고 무서운 분위기가 조화를 이루면서 장례식의 조종弔鐘이 울리는 것처럼 보인다." 뒷벽에 보이는 반짝이는 불빛은 고갱이 타히티 중심의 신성한 아오라이 산에 오르면서 보았던 한밤의 인광을 표현한 것이다.

고갱은 타히티의 삶에 빠져들기를 갈구하면서도 그의 그림을 감상할 사람은 폴리네시아가 아니라 유럽에 있다는 사실을 잊지 않았다. 그는 다른 작품들과 함께 〈마나오 투파파우〉를 파리로 보내서 전시했다. 그리고 코펜하겐에서도 전시를 계획했다. 결혼이 파탄난 후에도 메테가 계속 고갱의 전시를 준비하고 그림이 팔려서 돈이 들어오면 소유권을 주장했다. 고갱은 메테와 처가 식구들이 그의 작품을 부정을 저지른 증거로 생각할까봐 걱정되었는지, 메테에게 들려준 그림의 탄생비화는 수기에 적은 내용과 조금 달랐다. 〈마나오 투파파우〉는 외설적인 그림이 아니라 단지 누드 습작일 뿐이고 어린 소녀가 대변하는 삶과 투파파우가 대변하는 죽음을 상징적으로 대비시킨 그림이라고 설명했다.

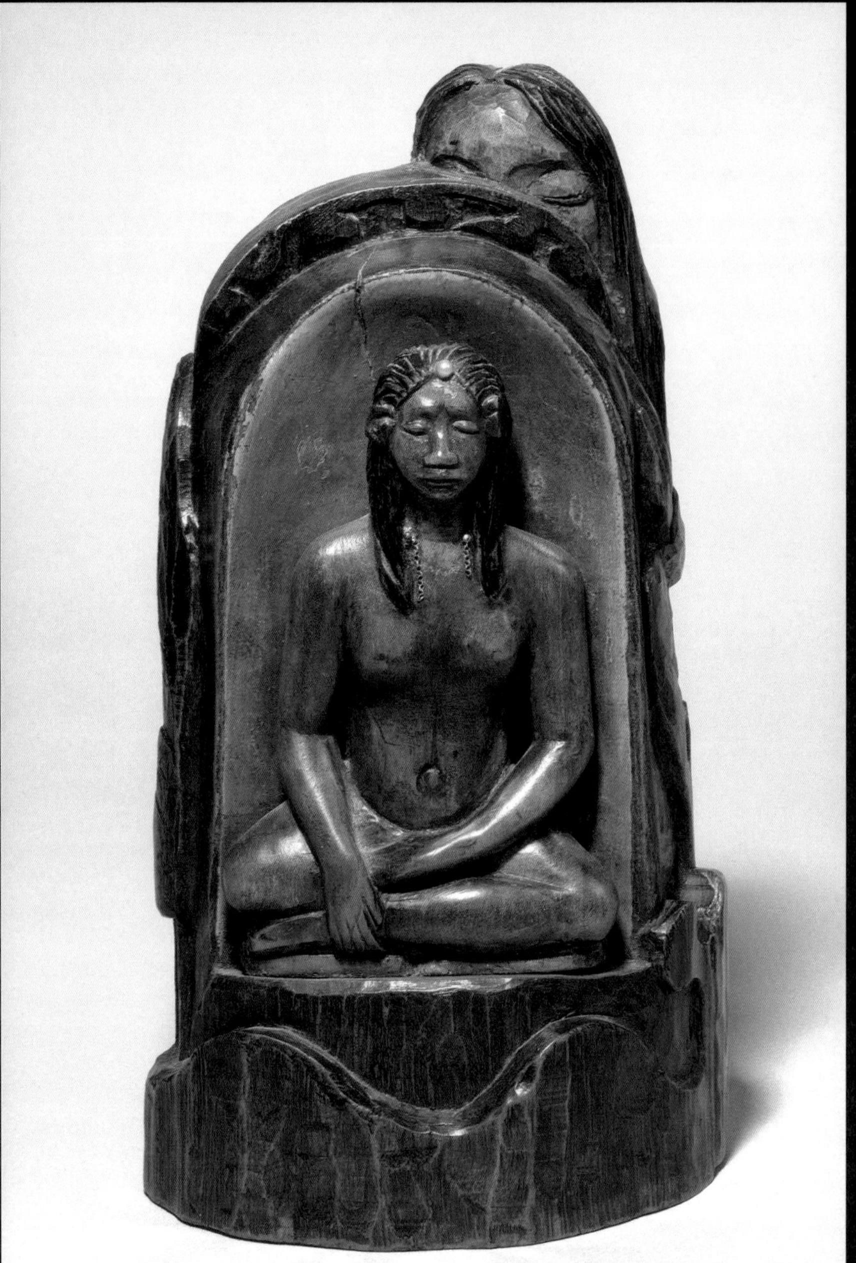

진주가 있는 우상
Idol with a Pearl

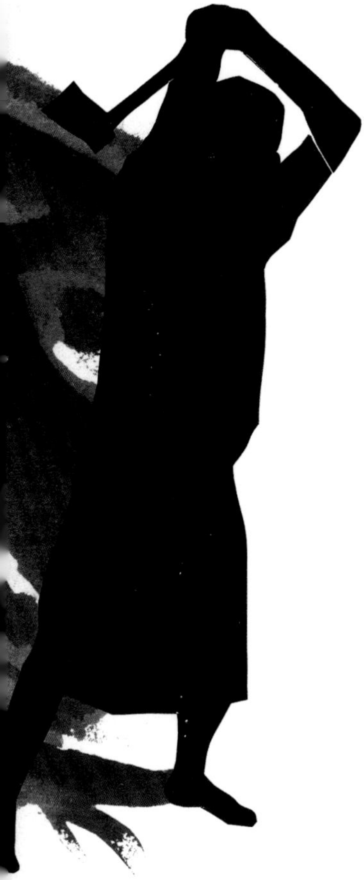

야만인이 되다

고갱이 타히티 사람들을 야만인이라고 부를 때는 찬사의 뜻이었다. 그는 자기에게는 페루인의 피가 흐르고 있다면서 스스로를 야만인으로 여겼다. 그는 더 순수한 야만인이 되고 유럽의 양식을 깨끗이 벗어던지고 싶어 했다.

고갱은 마타이에아에서 그가 작업할 때 감탄하면서 지켜보곤 하던 토테파라는 청년과 친구가 되었다. 고갱은 어느 날 토테파의 손에 망치와 끌, 나무 한 조각을 쥐여 준 일을 수기에 적었다. 그는 청년이 직접 조각을 해보기를 바랐다. 토테파는 고갱에게 연장을 돌려주면서 예술가는 특출한 사람이고 고갱만이 예술을 창조할 수 있으며 고갱은 '남들에게 쓸모 있는' 사람이라고 말했다. 고갱은 토테파의 말에 크게 감동했다. 가족을 부양해야 할 시간을 이기적으로 허비한다고 비난을 퍼붓던 메테의 반응과는 사뭇 달라서였다. 고갱은 토테파의 말은 야만인이나 아이의 말이라면서 그만큼 단순한 사람들만이 예술의 참된 가치를 본능적으로 이해한다고 적었다. 그는 유럽의 성인들이 현실적인 문제와 돈 때문에 걱정을 달고 산다고 믿었다.

어느 날 조각에 쓸 목재가 필요할 때 토테파가 경질硬質 목재를 찾아 험한 산길로 안내했다. 고갱은 거침없이 나무를 자르면서 자기도 원시인이 되어가는 느낌을 받았다. "나는 격렬하게 내리치고, 피 묻은 손으로 야만의 쾌락을 만끽하면서 나무를 베었다. … 내 안의 해묵은 문명의 잔재는 말끔히 파괴되었다. 평온한 마음으로 집으로 돌아오면서 이제 내가 새로운 사람, 곧 마오리족으로 거듭난 기분이 들었다."

〈진주가 있는 우상〉

고갱이 마타이에아에서 만든 이 나무 조각상은 기교면에서는 상당히 조악하다. 대충 깎은 표면과 단순한 형태는 고갱이 유럽에서 배운 기교를 다 버리고 이제는 야만인처럼 본능적이고 과감하게 작업한다는 의미다. 그럼에도 불구하고 〈진주가 있는 우상Idol with a Pearl〉에는 고갱이 일찍이 상징주의적 신비에 관심을 보였던 흔적이 엿보인다. 무표정한 우상을 뒤에서 수수께끼 같은 인물이 몰래 훔쳐보는 모습은 은밀하고 음침한 서사를 제시한다. 고갱이 타히티에서 제작한 많은 작품과 마찬가지로 유럽과 폴리네시아가 반씩 혼재된 작품이다. 고갱 자신도 마찬가지였다. 그는 타히티의 삶에 빠져들어 섬의 원주민들에게 동화되기를 갈구했지만 자기가 유럽인이라는 사실은 결코 지워지지 않았다. 파리의 미술계도 잊지 못하고 여전히 언젠가 미술계를 평정할 날을 꿈꾸었다.

사라진 문화

고갱은 유럽인들이 들어온 이후로 타히티가 엄청나게 달라졌다는 사실을 알고 과거의 타히티가 어떤 모습이었는지 목격하는 꿈을 꾸었다. 그는 꿈속에서 과거의 환영이 현실에 되살아나 어느 외딴 골짜기로 떠난 여행을 수기에 남겼다. "내가 이곳에 오기 전에 원주민들이 섬기던 신들의 조각상을 또렷이 볼 수 있었지만 모두 오래전에 사라져버린 것들이다. 특히 히나 조각상이 보이고 달의 여신을 찬미하는 축제도 보였다." 고갱은 과거의 소리가 들리는 환청까지 경험했다. "히나의 주위에서 사람들이 고대의 제례인 마타무아matamua에 따라 춤을 추고, 비보vivo, 폴리네시아의 갈대피리가 가볍고 흥겨운 음악부터 무겁고 음울한 음악까지 그 시간의 성격에 따라 다채로운 분위기를 만든다." 고갱은 종종 타히티가 흥겨운 분위기와 음울한 분위기로 양분된다고 생각했다. 티히티는 즐겁고 풍요로운 열대의 낙원일까, 아니면 정적에 휩싸인 땅이자 광막한 바다 끝자락에 고립된 고독한 땅이자 문화가 죽어가고 고대 신앙의 성지가 버려지고 폐허가 된 땅인가? 섬의 오래된 조각상들이 거의 다 사라져버린 탓에 고갱은 비서구적인 – 불교, 일본, 고대 이집트 – 자료를 참고해서 타히티의 제의 예술이 어떤 모습이었을지 상상해서 그림을 그렸다.

타히티의 영적 세계

고갱은 오래 전에 사라진 조각상을 보는 상상을 했을 뿐 아니라 실제로 타히티 사람의 혼령을 보았다고 주장했다. 언젠가 섬의 내륙으로 들어가는 길에 어느 모퉁이에서 젊은 처자와 마주친 적이 있었다. 처자는 제 가슴골에 물을 붓더니 말없이 서있는 고갱의 존재를 알아채고 물속으로 사라져 뱀장어로 변신했다. 이 이야기는 진위가 의심스럽다. 사실 이 신비로운 존재와의 만남을 표현한 그림은 그가 프랑스인 사진가에게 산 사진을 토대로 그린 그림이기 때문이다. 사모아의 샘에서 물을 마시는 소년을 찍은 사진이다.

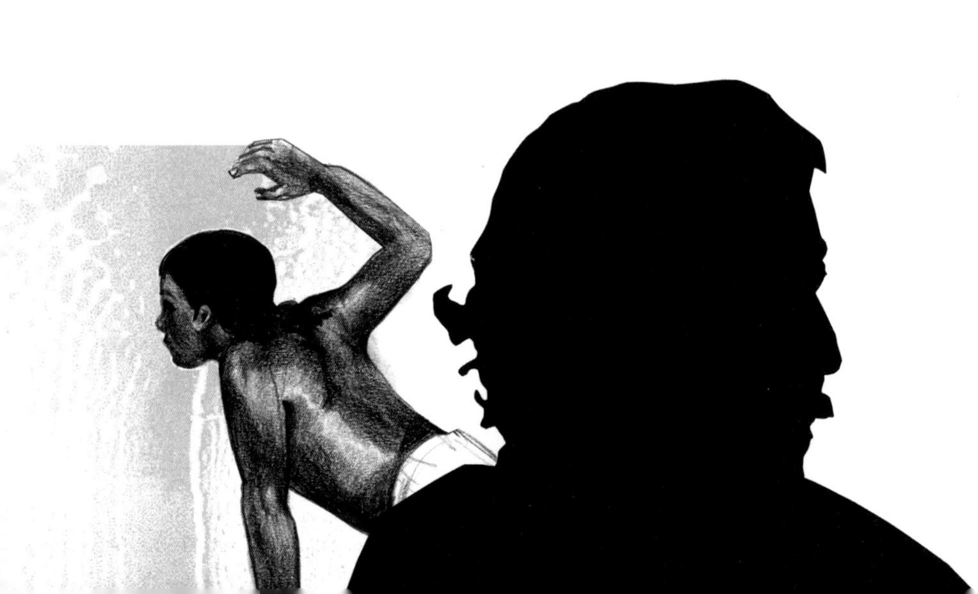

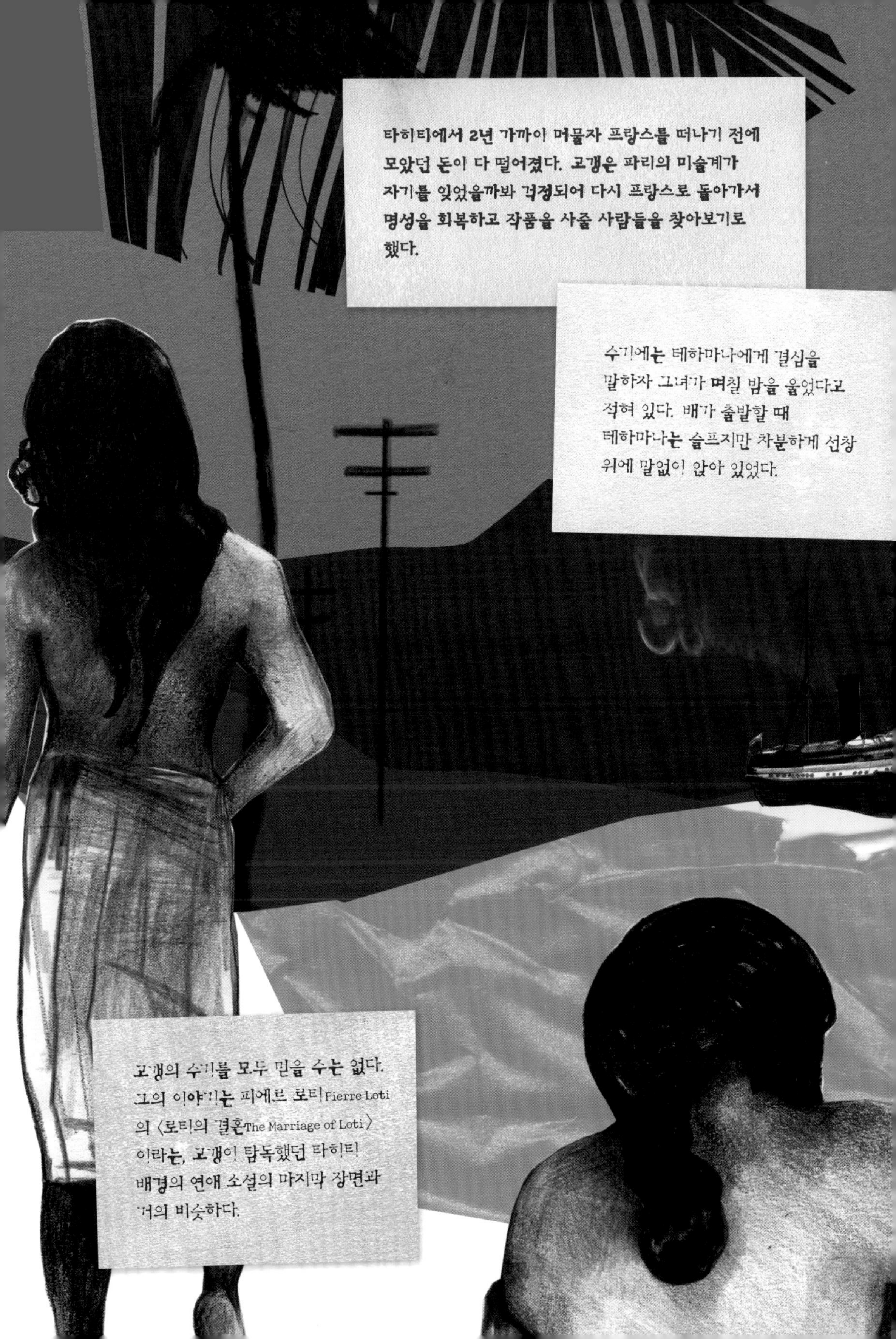
타히티에서 2년 가까이 머물자 프랑스를 떠나기 전에 모았던 돈이 다 떨어졌다. 고갱은 파리의 미술계가 자기를 잊었을까봐 걱정되어 다시 프랑스로 돌아가서 명성을 회복하고 작품을 사줄 사람들을 찾아보기로 했다.
수기에는 테하마나에게 결심을 말하자 그녀가 며칠 밤을 울었다고 적혀 있다. 배가 출발할 때 테하마나는 슬프지만 차분하게 선창 위에 말없이 앉아 있었다.
고갱의 수기를 모두 믿을 수는 없다. 그의 이야기는 피에르 로티Pierre Loti의 〈로티의 결혼The Marriage of Loti〉이라는, 고갱이 탐독했던 타히티 배경의 연애 소설의 마지막 장면과 거의 비슷하다.

옛 친구들

1893년 늦여름에 고갱은 파리로 돌아가서 옛 친구들 몇과 재회했다. 적막한 타히티에서 살다온 고갱은 카페와 화실에서 정겨운 담소를 나누었다. 손님들을 자주 화실로 불러서 남태평양 시절의 이야기를 들려주거나 풍금으로 장난치면서 사람들을 즐겁게 해주었다.

〈노아 노아〉

다시 주요 화가로 입지를 다지기란 여간 어려운 일이 아니었다. 고갱이 폴리네시아에 머문 2년 동안 다른 화가들은 평론가들에게 주목받았다. 고갱은 파리 미술계의 관심을 끌어보려고 주요 화랑에서 한 번 전시회를 열고 그의 화실에서도 전시회를 열었지만 별다른 수확이 없었다. 화실 전시회를 위해서 목판화 열 점을 연작으로 제작하고 타히티 수기도 정리해서 전시할 예정이었다. 타히티 시절의 작품에 대한 평단의 이해를 돕기 위해 수기도 같이 전시하려고 했지만 안타깝게도 원고가 제때 마무리되지 않았다. 그래도 목판화는 그의 관심사를 강렬하게 기록한 작품이었다. 거칠게 조각된 작품들은 야만인으로서 고갱의 본성을 잘 담아냈다. 〈노아 노아Noa Noa〉의 표제작에서는 인물들이 중앙의 나무를 중심으로 배치된다. 작은 두 인물은 타히티의 아담과 이브를 상징하고 선악과 아래서 쉬고 있다. 그보다 큰 인물들은 순수를 잃어버린 이후의 타히티를 보여준다. 고갱은 순수를 잃어버린 이유를 이곳에 유럽인이 들어온 탓으로 돌렸다. 이제 타히티의 에덴동산이 타락해서 타히티 사람들도 노동을 해야 한다.

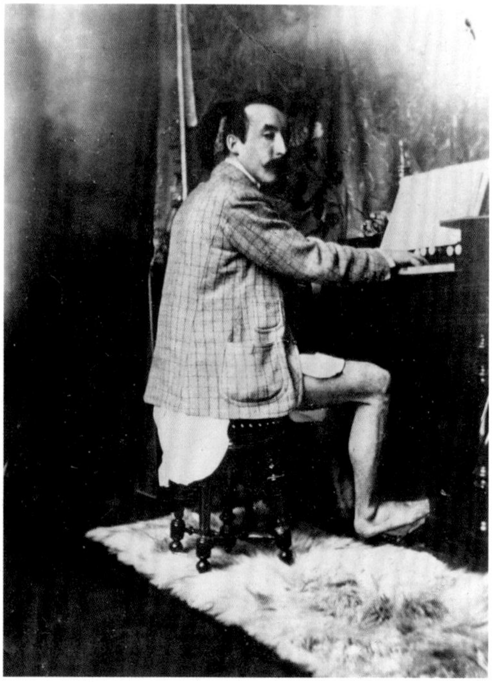

풍금을 치는 고갱, 1895.
알폰스 무하 사진, 개인 소장품.

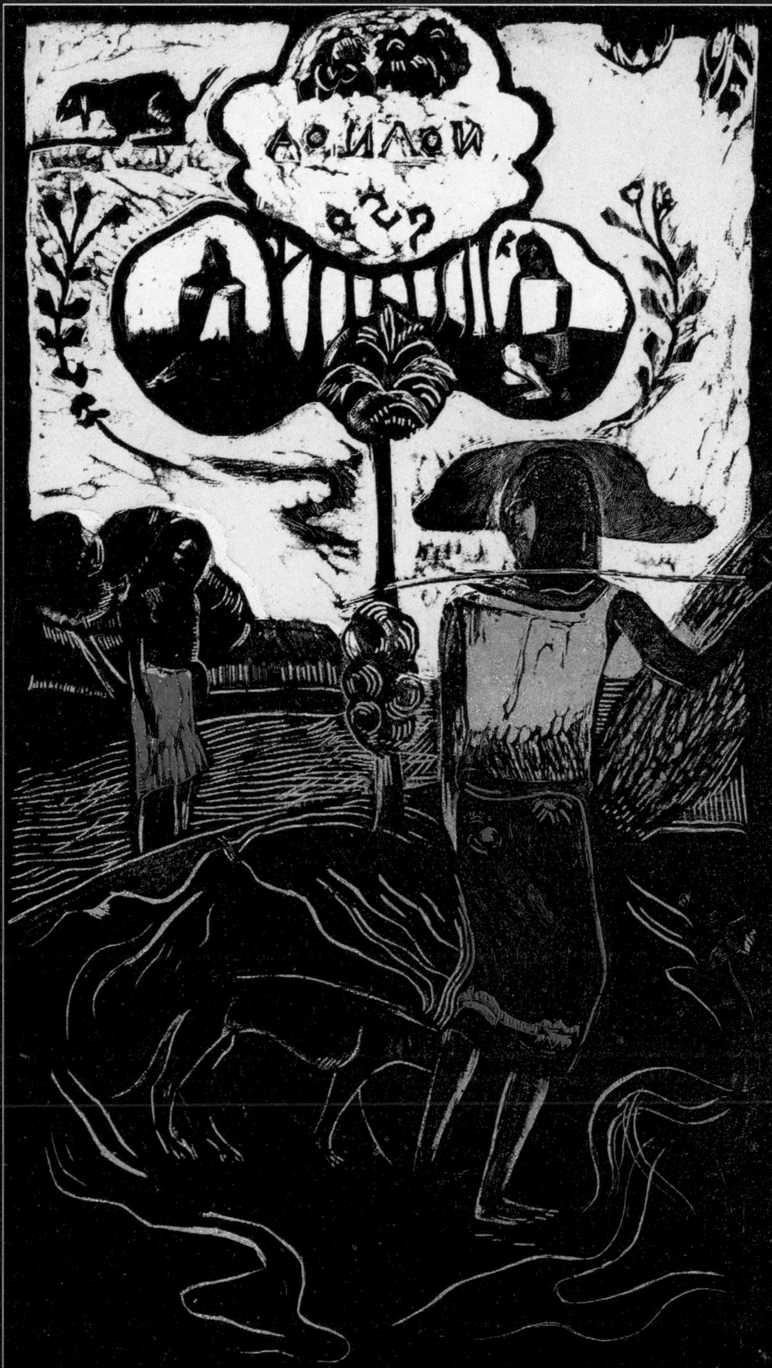

노아 노아(향기)
Noa Noa(Fragrant Scent)

폴 고갱, 1893-94

막간의 브르타뉴 시절

파리에서는 그림을 거의 팔지 못하고 진실한 친구 몇이 써준 글 말고는 평단의 관심도 거의 끌지 못했다. 고갱은 파리에서 옛 명성을 되찾는 데 실패하고 다시 돈도 떨어지자 브르타뉴로 물러나서 옛 퐁타방파를 다시 일으키고 싶었다. 그때 안나라는 젊은 여인과 동행했다. 고갱의 설명에 따르면 안나는 자바인이지만 그보다는 스리랑카 사람에 가까웠다.

불행히도 브르타뉴에서도 파리만큼 성공을 거두지 못했다. 그를 존경하는 제자들을 다시 모으지 못했다. 퐁타방 시절의 옛 제자들은 뿔뿔이 흩어졌거나 – 베르나르처럼 – 중요한 화가로 성장했기 때문이었다. 고갱은 베르나르가 그의 아이디어를 훔쳐서 제 생각인 양 평론가들에게 소개한다는 의심에 사로잡혔다. 고갱이 의심할만한 근거가 있었다. 베르나르는 고갱이 아니라 자기가 실제로 퐁타방파를 일으킨 사람이라고 적극적으로 알리고 다녔던 것이다.

고갱은 자기를 따르던 제자들이 흩어진 데 크게 실망한 채 브르타뉴에서도 위안을 얻지 못했다. 오래 전부터 희구하던 느낌, 말하자면 브르타뉴 사람들과 진정으로 이어진 느낌을 찾을 가망이 없었다. 사실 브르타뉴 사람들은 이 낯선 화가에게 극도의 적대감을 자주 드러냈다. 어선단과 오늘날에도 부두에 줄지어 늘어선 정어리 공장으로 유명한 콩카르노라는 도시에서, 고갱은 안나와 안나가 늘 데리고 다니던 애완 원숭이를 집적거리던 브르타뉴 뱃사람 무리와 싸움에 휘말렸다. 난투극을 벌이던 중 발목이 심하게 부러져서 넉 달간 침대에서 꼼짝도 하지 못했다. 한 술 더 떠서 그가 병석에 누워 있는 사이 안나는 파리로 돌아가 그의 화실에서 제일 값나가는 물건들을 모조리 훔쳐갔다.

이 일이 최후의 결정타였다. 프랑스로의 귀향은 수치스럽게 끝났고, 친구도 그림을 사주는 사람도 거의 만나지 못했다. 고갱은 유럽에서는 자기에게 미래가 없다고 확신하고 폴리네시아로 돌아가기로 숙명의 결단을 내리고 1895년에 마지막으로 고국을 떠났다.

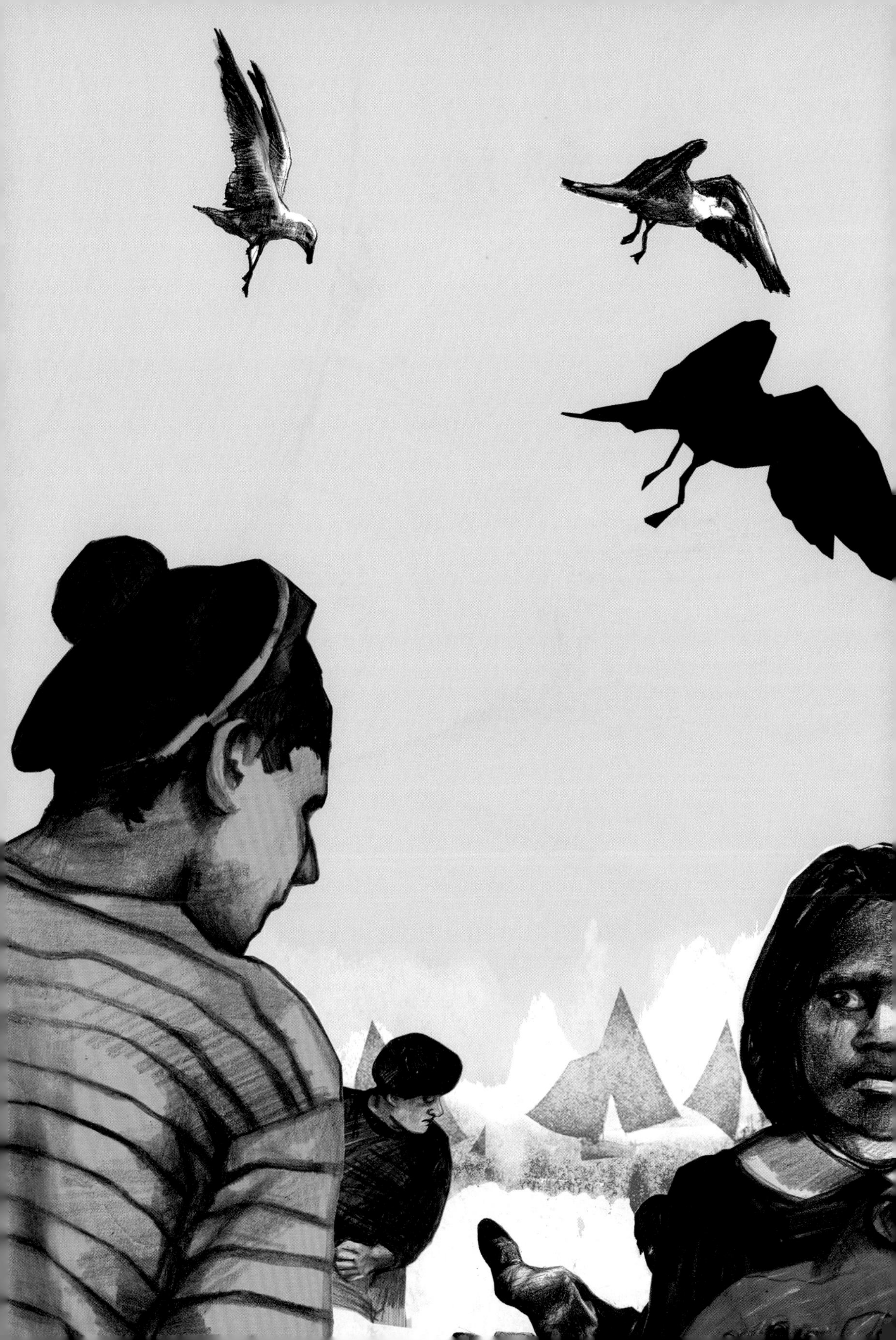

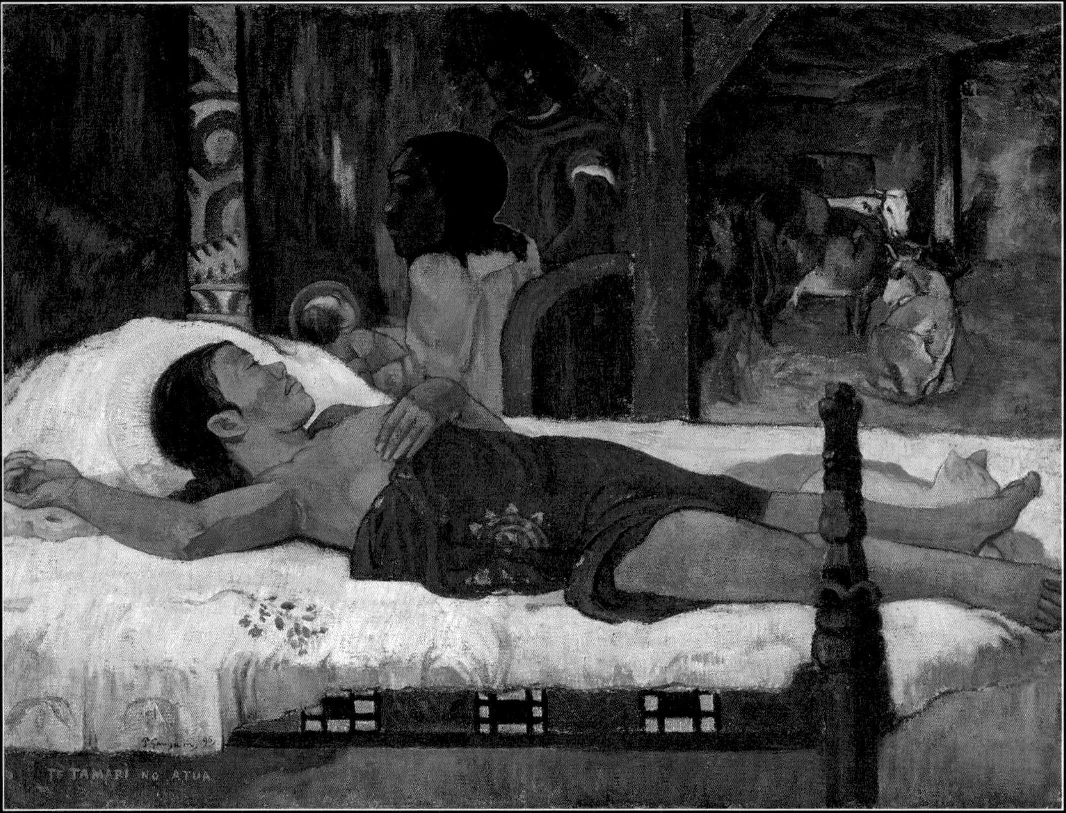

테 타마리 노 아투아(탄생)

Te tamari no atua(The Birth)

폴 고갱, 1896

캔버스에 유채

다시 타히티로

고갱은 새 희망에 들떠서 타히티로 돌아갔다. 파페에테에서 몇 킬로미터 떨어진 푸나위아에서 땅을 조금 빌렸다. 그 땅에 작은 침실 하나와 햇빛이 잘 드는 널찍한 화실 하나가 딸린 오두막을 지었다. 테하마나가 이미 결혼했다는 소식을 들었지만 얼마 지나지 않아 부끄러울 만큼 어린 새 연인인 열네 살의 파후라Pahura를 만났다. 파후라는 고갱의 자식 둘을 낳았다. 첫딸은 태어나고 며칠 만에 죽었다. 둘째인 에밀이라는 아들은 장수했는데, 80년이 흐른 뒤에도 타히티를 찾는 관광객들에게 아버지의 이야기를 들려주었다.

파후라가 첫 아이를 낳았을 때 고갱은 〈테 타마리 노 아투아Te tamari no atua〉를 그렸다. 성서의 예수 탄생 이야기를 폴리네시아 이야기로 변형한 작품으로, 마리아는 파후라이고 아기 예수는 타히티 여인 둘이 보살핀다. 〈마나오 투파파우〉의 구조를 따르지만 〈마나오 투파파우〉에서는 음울한 예감이 엿보인다면 이 작품에는 새 생명의 기쁨이 담겨 있다. 고갱은 자신의 아이를 예수 탄생으로 표현함으로써 스스로를 하나님에 필적할만한 창조력을 지닌 예술가로 암시한다.

타히티의 고갱의 집, 1895년 경.
줄 아고스티니사진, 케 브랑리 미술관, 파리.

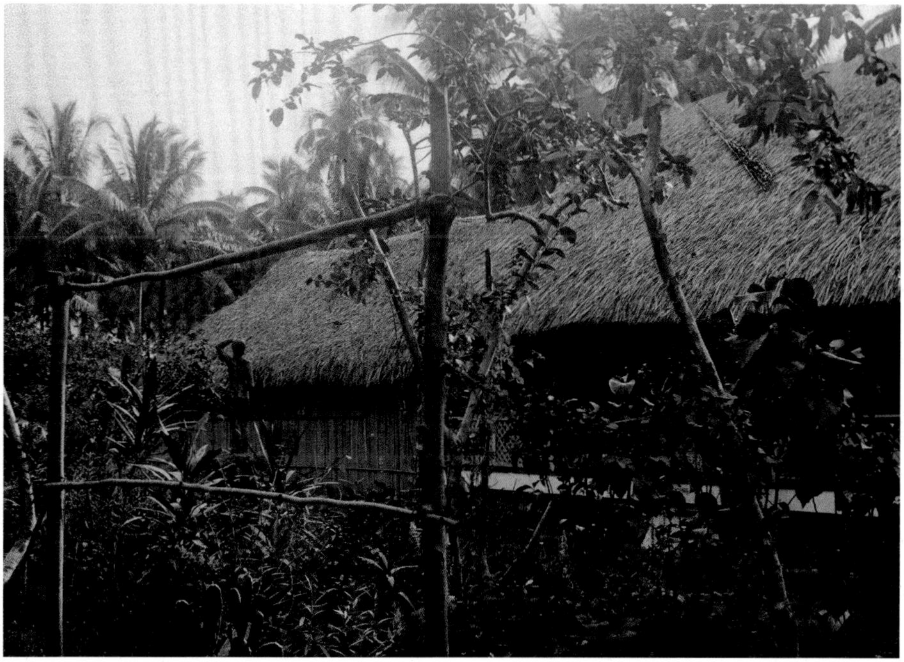

병과 우울

프랑스를 떠나기 얼마 전에 고갱은 매춘부에게서 매독에 감염되었다. 항생제가 발명되기 전 적절한 치료법이 없던 시대라 이 파괴적인 병이 고갱의 육체를 지배했다. 다리에 짓무른 상처가 나타나기 시작했고, 콩카르노에서 다치고 제대로 치료받지 않은 발목 통증이 심해서 고통스러웠다. 한 번에 며칠씩 자리보전하고 누워있었다. 설상가상으로 가진 돈도 하루가 다르게 줄었다. 그는 살아남기 위해 그토록 혐오하던 식민지 관리 자리를 구했다.

이런 고통과 함께 철저한 고립감으로옛 친구들 가운데 편지를 보내는 사람이 거의 없었다 고갱은 절망의 끝에 서 있었다. 1897년에 더 나쁜 소식이 전해졌다. 편지가 뜸하던 메테가 편지를 보내서 고갱이 가장 아끼던 딸 알린이 폐렴으로 죽었다는 소식을 알린 것이다.

갈수록 음울해지는 고갱의 마음은 〈골고다 부근의 자화상Self-portrait near Golgotha〉에서 선명하게 나타난다. 이 작품에서도 고갱은 스스로를 예수에 비유한다. 갈보리라고도 하는 골고다는 예수가 십자가에 못 박힌 언덕이다. 하지만 그림 속의 고갱은 침울하고 무표정했고, 그의 수척한 얼굴에는 이전의 자화상에 선명히 드러나던 활기가 사라졌다. 타히티 시절 작품의 화사한 색감도 사라졌다. 음울한 골고다 언덕이 그의 뒤에 버티고 서서 운명에서 달아날 가망이 전혀 없는 양 시각적으로 에워싼다. 외롭고 병든 고갱은 그의 마지막 순교자적 고통이 끝났다는 사실을 직감한다.

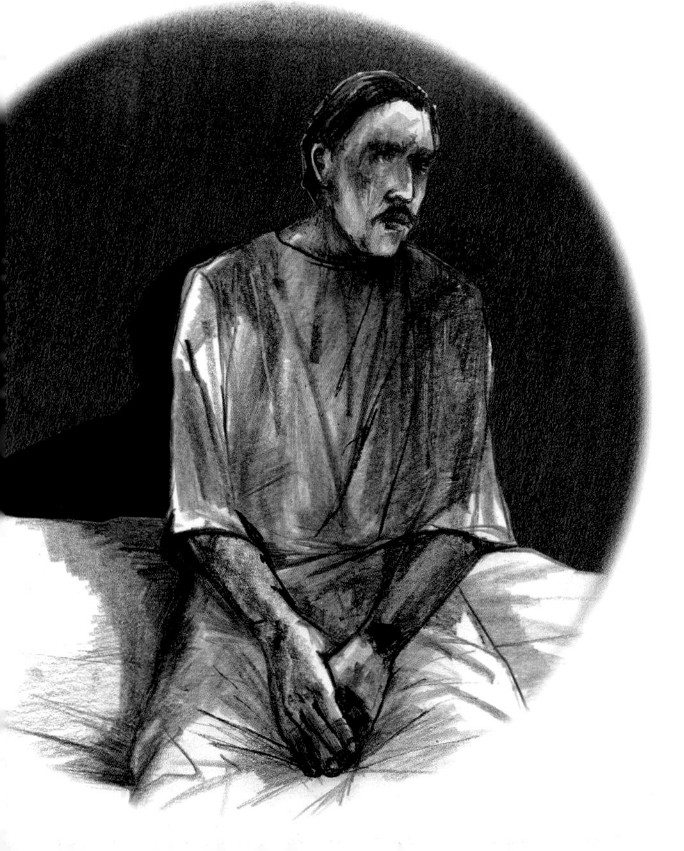

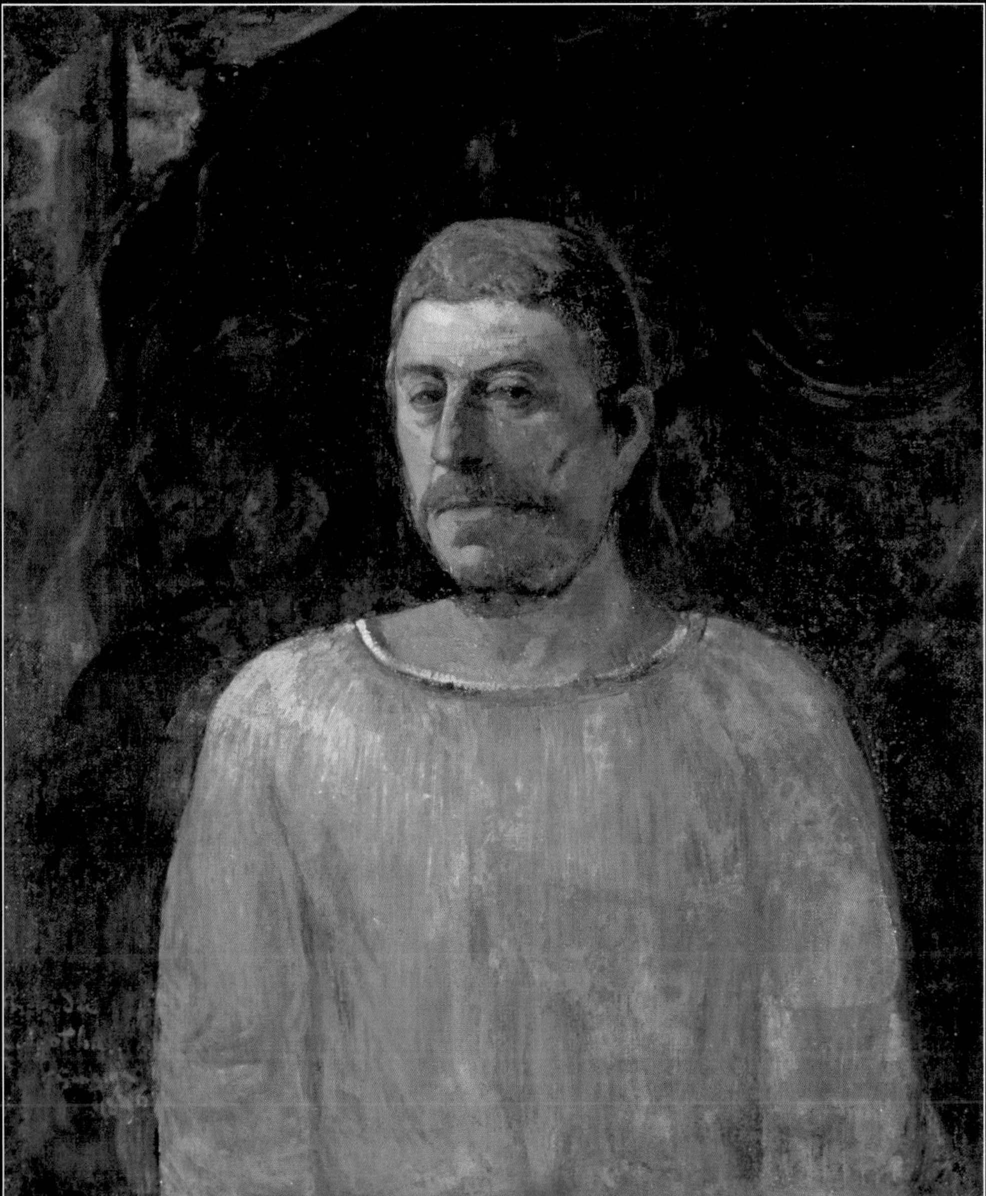

골고다 근처의 자화상
Self-portrait near Golgotha

폴 고갱, 1896

캔버스에 유채
76 × 64 cm (29 7/8 × 25 1/4 in)
상파울루 미술관

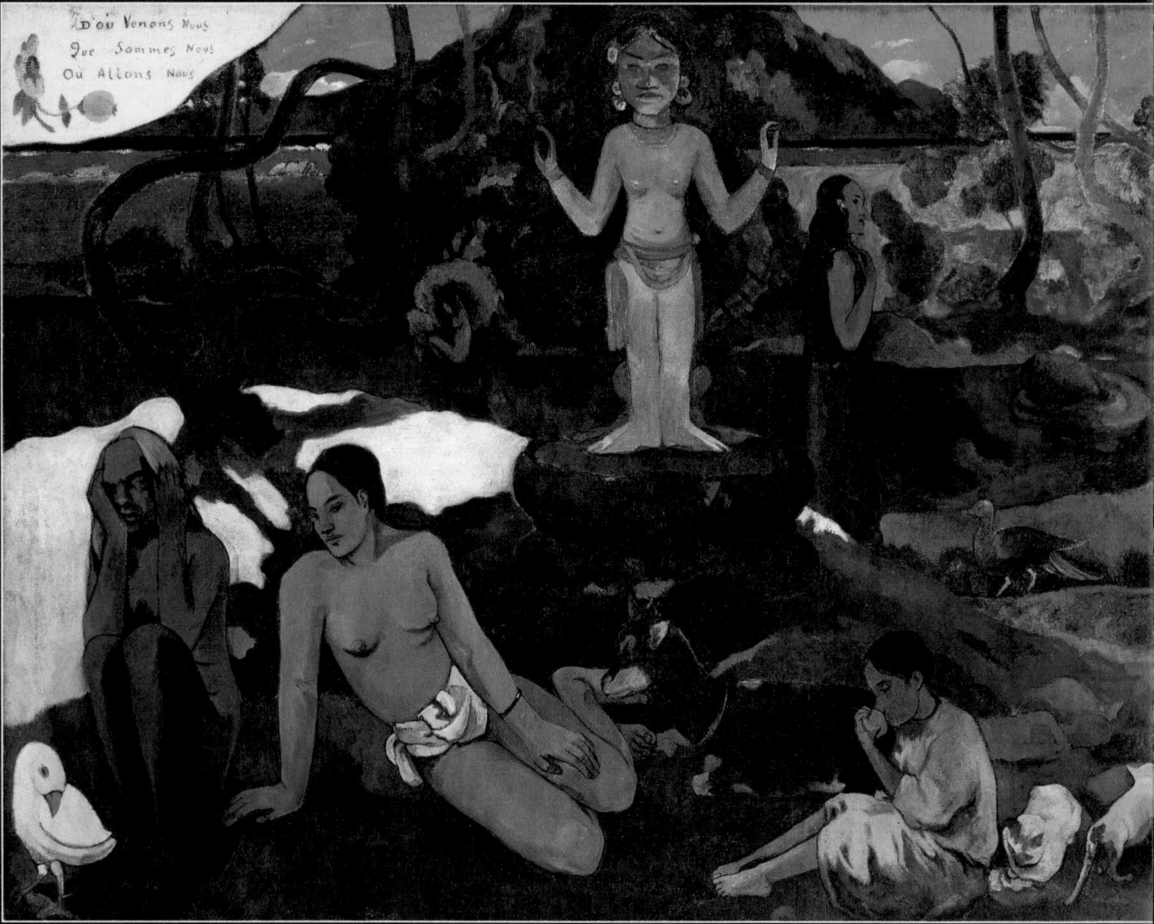
D'où Venons Nous
Que Sommes Nous
Où Allons Nous

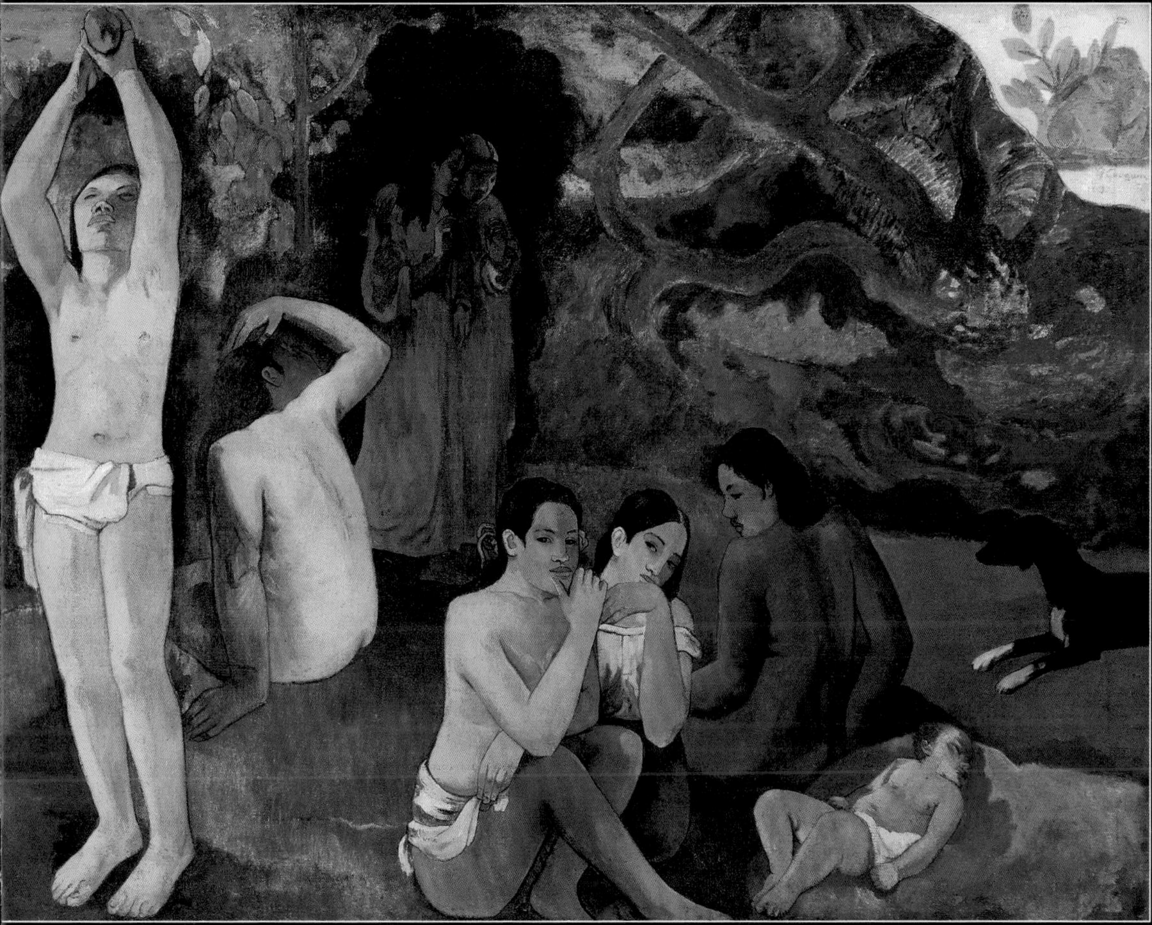

우리는 어디에서 왔으며 우리는 무엇이며 어디로 가는가?
Where Do We Come From? What Are We? Where Are We Going?

폴 고갱, 1897–98

올이 굵은 삼베에 유채
139.1 × 374.6 cm (54 1/2 × 147 1/2 in)
보스턴 미술관
탐킨스 수집품 아서 고든 탐킨스 기금(36.270)

〈우리는 어디에서 왔으며 우리는 무엇이며 어디로 가는가?〉

1897년 말에 몇 차례 심장발작을 일으키고 매독으로 육체가 점점 피폐해진 고갱은 산에 올라가 비소를 먹고 자살을 기도했다. 숲 속에서 거대한 나무와 타히티의 적막 속에서 홀로 죽고 싶었던 것이다.

자살기도는 실패로 돌아갔고, 이튿날 아침에 고갱은 무거운 몸을 이끌고 화실로 돌아갔다. 그는 프랑스의 화가 친구 다니엘 드 몽프레 Daniel de Monfreid에게 편지를 보내서 자살을 기도했다가 실패한 사실을 털어놓고 얼마 전에 '마지막 유언'으로 그린 대작에 관해 설명했다. 〈우리는 어디에서 왔으며 우리는 무엇이며 어디로 가는가?Where Do We Come From? What Are We? Where Are We Going?〉라는 거대한 작품은 가로가 4미터 가까이 된다. 놀랍게도 이 작품은 한 달도 안 되는 기간에 완성되었다. 고갱은 죽음이 임박했다고 여기고 죽음이 오기 전에 올이 거친 삼베 위에 열정적으로 그의 생각을 쏟아냈다. "죽기 전에 나는 이렇게 비참한 처지에서도 내 모든 기운과 열정을 이 작품에 아주 고통스럽게 쏟아냈고, 환상이 어찌나 선명한지 서둘러 삶을 끝내려던 마음이 다 사라지고 활력이 되살아났다네."

이 작품은 타히티의 파노라마식 풍경을 배경으로 인간 삶의 수수께끼를 탐구한다. 고갱은 전형적인 상징주의 양식으로 복잡한 이미지를 한데 모아 폭넓은 의미를 암시하면서 명확한 서사는 제시하지 않는다. 그림의 하단 오른쪽 끝에 있는 아기가 삶의 시작을 상징한다면 하단 왼쪽에서 두 손으로 얼굴을 감싼 노파〈사랑하라 그러면 행복하리라〉에 처음 등장한 인물는 삶의 종결을 의미한다. 양쪽의 대립하는 두 인물 사이에 인간 존재를 이루는 일련의 이중성이 제시된다. 옷을 거의 걸치지 않은 채 작품의 중앙을 차지하고 손을 위로 뻗어 사과를 따려는 인물은 다소 남성적인 이브로 보인다. 여자도 되고 남자도 될 수 있는 이 인물은 고갱의 상상 속에서 기독교 선교사들이 죄와 수치심에 관한 유럽의 관념을 들여오기 전에 타히티 사람들이 누리던 근심 걱정 없는 순수를 의미한다. 이 인물의 뒤에는 건장한 몸집의 옷을 벗은 인물이 앉아서 분홍빛 자주색 가운을 걸치고 서 있는 여자들을 바라본다. 고갱의 설명에 따르면 중앙의 순진무구한 인물과 대조적으로, 이 두 여자는 생각이 많고 스스로 존재를 인식하고 존재의 의미를 생각한다.

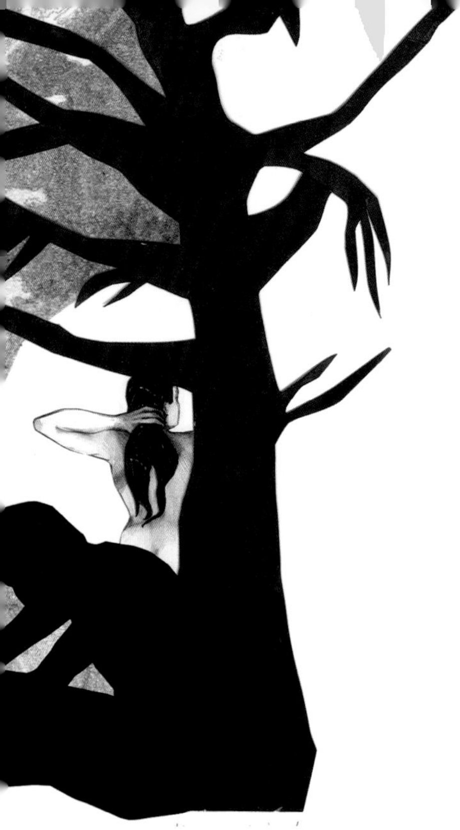

순진무구하고 행복한 상태와 성찰하는 상태를 대비시키는 주요 개념과 더불어 자연 세계와 영적 세계가 대비된다. 양손을 든 우상이번에도 고갱이 보로부두르 사진을 참조한 인물은 신비롭고 초자연적인 신앙의 영역을 상징한다. 그 앞에 앉은 아이와 동물들은 자연의 생명력을 상징한다. 고갱이 보기에 이 둘은 모두 타히티에서 강렬한 존재였다. 둘 다 세계의 구체적 사실로 그림을 구성하면서도 존재의 더 깊고 더 심오한 진실을 추구하는, 화가에게는 없어서는 안 될 존재라고 고갱은 믿었다.

고갱은 이 작품을 그의 최고의 걸작으로 여겼다. "이 작품은 과거의 내 모든 작품을 능가할 뿐 아니라 앞으로도 이보다 나은, 아니 비슷하기라도 한 작품을 만들지 못할 것이다." 그는 이 작품이 유럽에서도 걸작으로 인정받기를 바라는 마음으로 거대한 캔버스를 말아서 프랑스로 보냈다. 드 몽프레가 파리에서 이 작품을 전시했을 때 평론가들은 난해한 상징주의적 도상학에 무척 당황했다. 그럼에도 불구하고 고갱의 뜻을 받아들여 중요한 작품으로 인정했고, 영향력 있는 미술상인 앙브루아즈 볼라르 Ambroise Vollard는 자기 화랑에 이 작품과 함께 고갱이 타히티에서 보낸 다른 작품 여러 점을 전시했다. 고갱은 프랑스의 주요 화가로서의 명성을 되찾았지만 다시 얻은 성공을 누리기 위해 고국으로 돌아가지는 않았다.

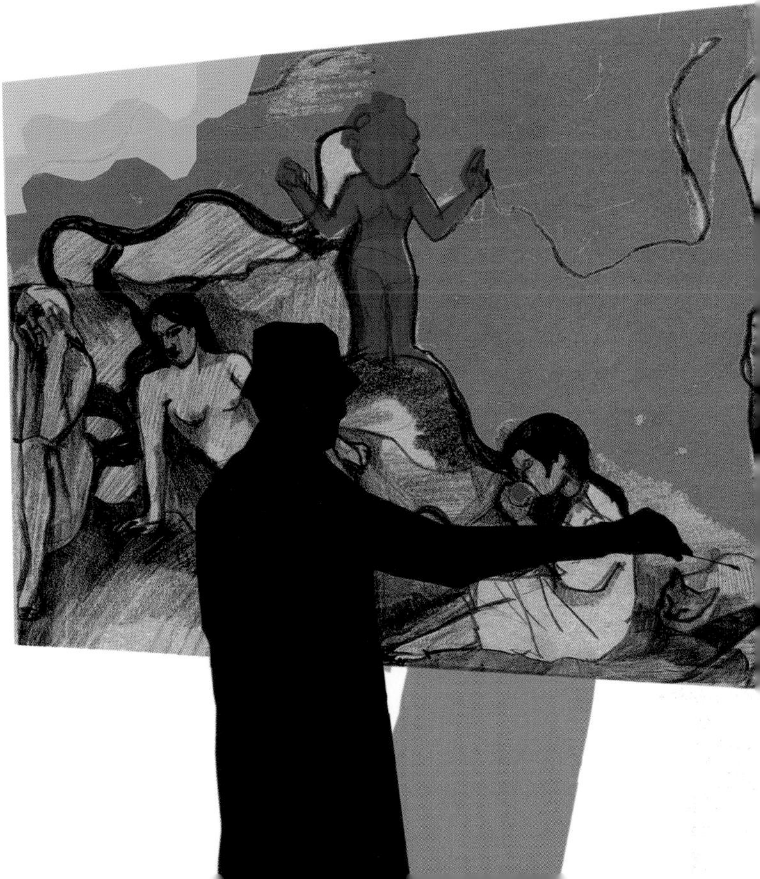

식민지 정치

1899년에 고갱은 〈게프Les Guêpes, 말벌〉라는, 가난한 유럽 이주민들의 이해를 대변하고 프랑스의 식민주의와 종교적 권위를 공격하는 정치풍자 신문에 글을 기고하기 시작했다. 그는 기사와 함께 타히티 총독과 같은 권위자들을 조롱하는 삽화를 실어 부패와 족벌주의를 암시하면서 논란을 불러일으켰다. 그는 또한 식민주의가 타히티에 미치는 영향을 통렬하게 비판하면서 타히티의 전통적 방식이 파괴되는 현실을 개탄하고 폴리네시아 문화를 부흥시키자고 촉구했다.

고갱은 또한 〈수리르Le Sourire, 웃음〉라는 신문을 창간했지만 오래 유지하지는 않았다. 이 신문도 〈게프〉처럼 식민지 관료와 교회 지도자들을 악의적으로 공격하는 데 지면을 거의 다 할애해서 고갱이 감옥에 들어갈 뻔 했을 정도였다. 그는 에디슨 등사판으로 알려진 기계를 이용하여 손으로 직접 신문을 찍어냈고, 매번 삽화가 들어간 마스터헤드신문 이름를 새로 제작했다. 주로 그의 그림과 조각에서 차용한 이미지는 상징주의 신비를 환기시키는 데는 적합하지만 선동적 목적을 띤 신문에는 어울리지 않았다. 신문 사업이 왜 실패했는지 알 수 있는 대목이다. 고갱은 8개월 넘게 꾸준히 신문을 발행했지만 독자를 충분히 확보하지 못했다. 그래도 고갱이 타히티 정치에 관여하는 데 관심을 보인 사실을 보여주는 인상적인 사건이다. 고갱은 화가로서 폴리네시아의 목가적인 삶을 꿈꾸었다. 한 인간으로서는 식민주의의 유린에 맞서 목가적인 삶을 지켜내려고 직접 행동에 나섰다.

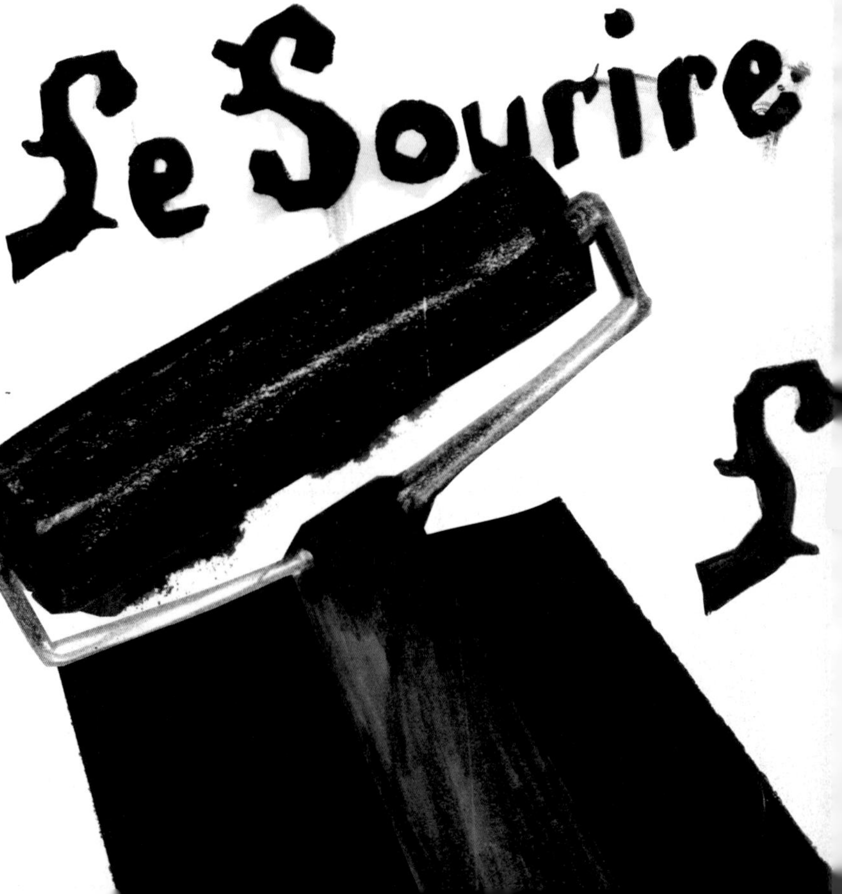

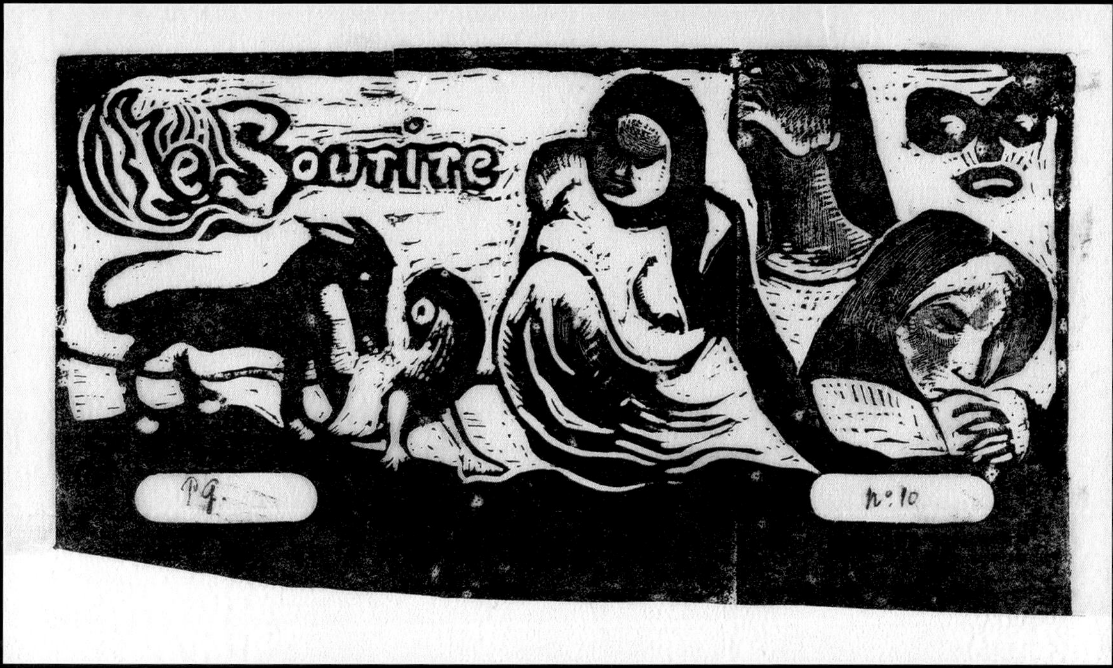

〈수리르(Le Sourire)〉의 1면 신문 이름(세 사람, 가면, 여우, 새)

Three People, a Mask, a Fox and a Bird

폴 고갱, 1899

목판화

10.1 × 18.3 cm (4 × 7 1/4 in)

시카고 미술관, 에드워드 맥코믹 블레어 기증, 2002.243

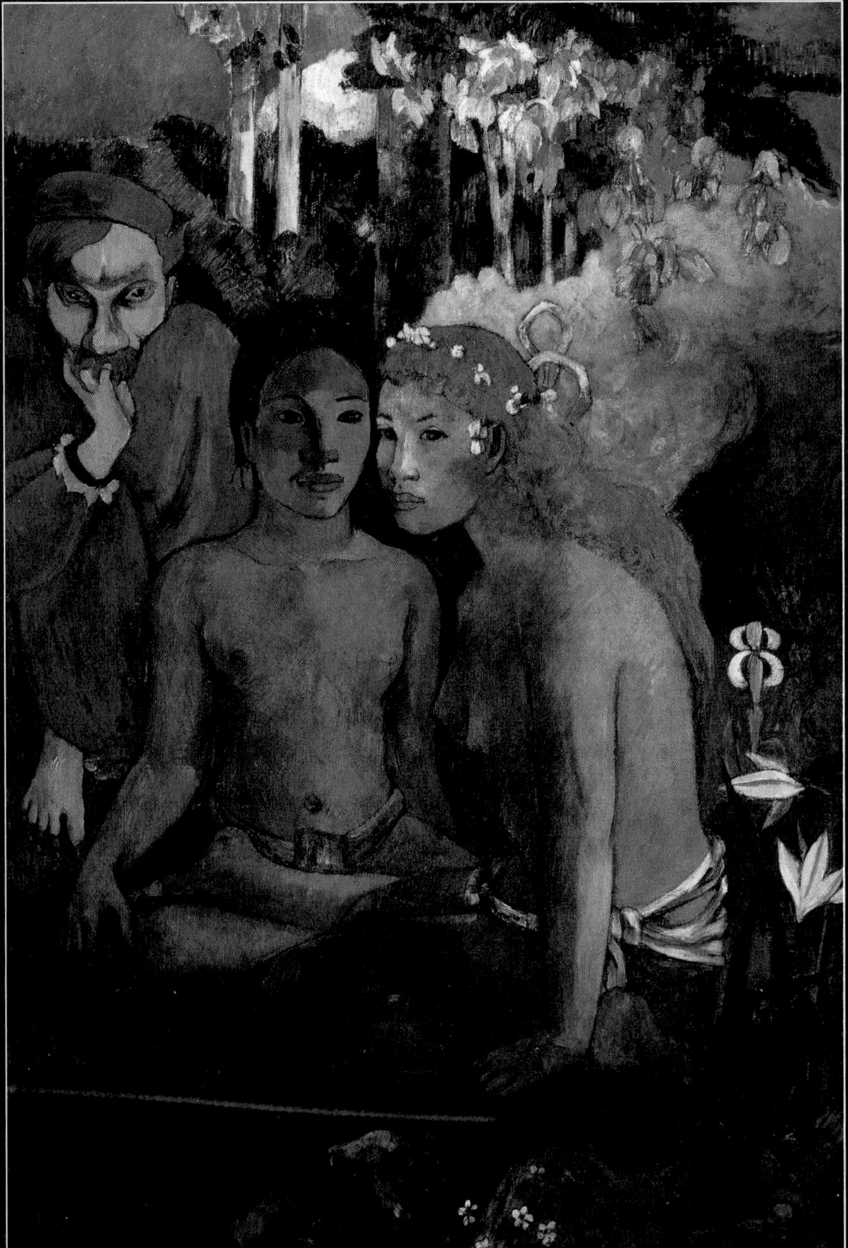

원시의 이야기
Barbarian Tales

폴 고갱, 1902

캔버스에 유채
131.5 × 90.5 cm (51 3/4 × 35 5/8 in)
포크방 미술관, 에센

마르키즈 제도

1901년에 고갱은 잦은 법적 다툼에 지쳐 마지막으로 문명에 오염되지 않은 폴리네시아 낙원을 찾아, 배를 타고 타히티보다 유럽인의 발길이 뜸한 외딴 군도인 마르키즈 제도로 향했다. 고갱은 마르키즈 제도의 주도主都인 아투오나 근교에서 현지 프랑스인 주교에게서 땅을 사서한두 번 미사에 참석하면서 자기가 저명한 인물인 양 주교를 속였다 새 보금자리를 지었다. 목각 문틀에 동물과 벌거벗은 여자들을 새겨서 집을 장식하고 '메종 뒤 주이르Maison du Jouir'라는 세례명을 지었다. '쾌락의 집'이라는 뜻의 이 이름은 일부러 도발하려는 의도가 담겨 있다. 고갱은 집 앞에 주교의 희화화한 조각과 주교와 정분이 났다는 추문의 주인공인 하녀의 누드를 내다놓았다. 그는 또한 마을 사람들에게 딸들을 가톨릭 학교에 보내지 말라고 설득했다. 그러자 당국이 고갱을 명예훼손으로 고발했지만 그는 법정에 설 때까지 살지 못했다.

끝이 다가오다

고갱은 병든 몸으로 메종 뒤 주이르에 홀로 누워 있었고, 머릿속에서 생각이 현재와 과거 사이에서 제멋대로 널뛰었다. 고갱은 퐁타방 시절을 유난히 애틋하게 추억하면서 눈 덮인 브르타뉴의 그림을 여러 장 그렸다프랑스 북부의 쌀쌀한 풍경이 고열을 내리게 해줄 거라고 생각했으리라. 그는 또한 마르키즈 시절의 그림에 옛 친구들을 넣었다. 〈원시의 이야기Barbarian Tales〉에서는 폴리네시아의 파릇파릇한 쾌락, 갖가지 향기로운 꽃과 황금빛 육체가 악마 같은 메이에르 드 한에게 시달리는데, 그가 황금빛 육체들에게 속삭이는 듯 보인다. 순수한 폴리네시아이자 고갱의 에덴동산이 사악한 유럽의 영향에 더럽혀진다.

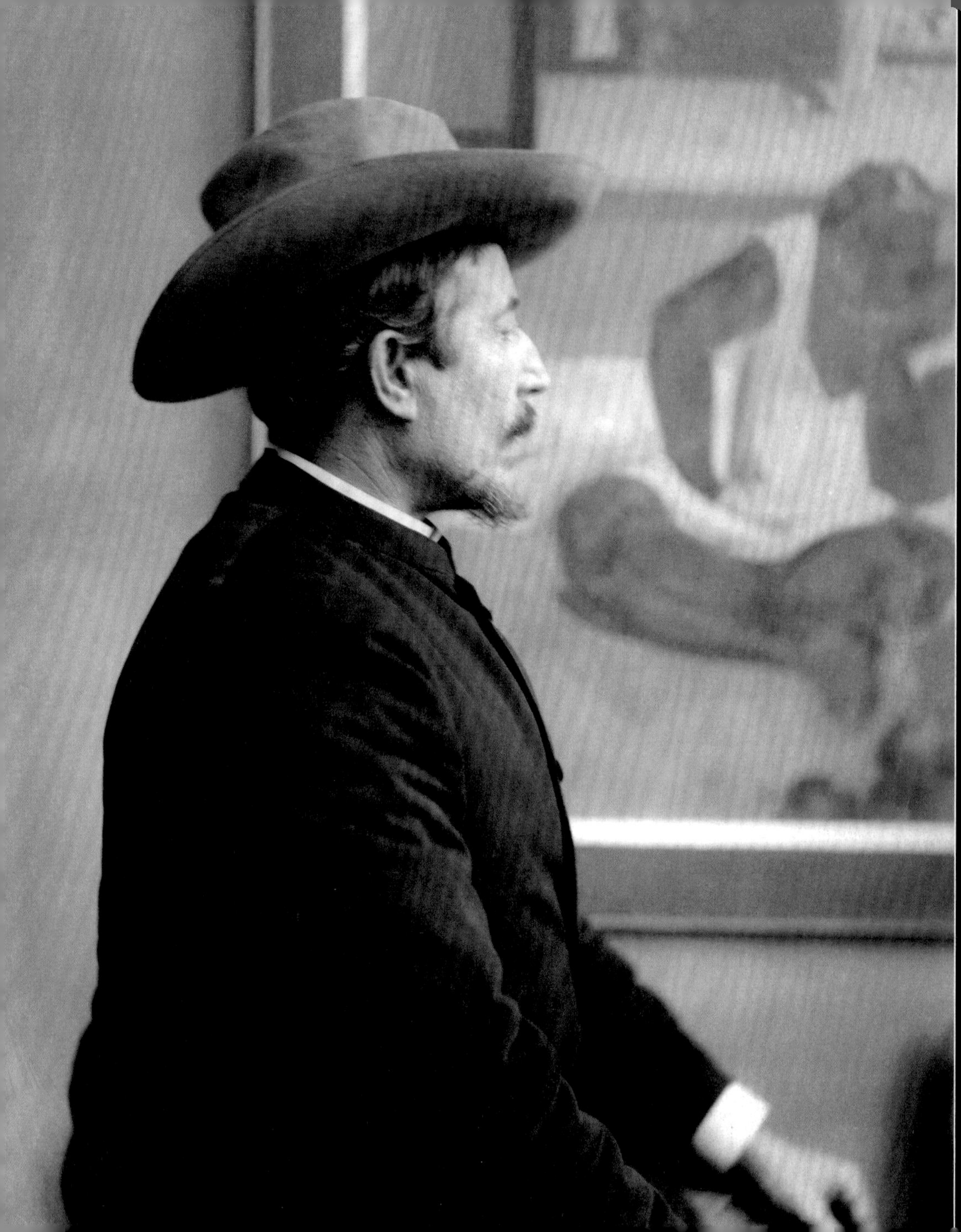

죽음이 다가오자 고갱은 친구 드 몽프레에게 쓸쓸함이 묻어나는 편지를 썼다. "나는 그저 고요와 고요, 또 고요만을 원하네. 평온하게 죽고 잊히게 해주게." 1903년 5월의 어느 아침에 고갱의 바람이 이루어졌다. 그는 모르핀을 다량 투여하고 심장마비로 쓰러졌다. 거창한 팡파르 없이 이튿날 오후 아투오나 위의 캘버리 공동묘지에 묻혔다.

고갱은 무덤에 비석을 세우지 말고 〈오비리Oviri〉라는 첫 번째 폴리네시아 여행을 다녀와서 제작한 세라믹 조각만 세워주기를 원했다. 그가 종종 스스로를 타히티어로 '야생' 혹은 '야만'을 뜻하는 오비리라고 칭했기에 이 조각상은 일종의 자화상이었다. 고갱은 또한 타히티의 신화에서 'Oviri-moe-aihere', 곧 '생의 숲에서 자는 야만인'이 죽음과 애도의 신들 중 하나라는 걸 알았다. 따라서 〈오비리〉는 고갱의 마지막 안식처의 비석으로 가장 적합했다. 진품은 드 몽프레가 프랑스로 가져갔지만 복제품이 오늘날에도 고갱의 무덤 앞에 놓여 있다.

고갱은 세상에서 잊히기를 바랐을지 모르지만 사후에 그의 명성은 빠르게 높아졌다. 1906년에 〈오비리〉는 파리에서 열린 고갱의 대규모 회고전에서 제일 눈에 띄는 자리에 전시되었다. 앙리 마티스Henri Matisse 와 파블로 피카소 Pablo Picasso 둘 다 이 작품의 위력에 압도당했고, 이때부터 현대미술의 거장으로서 고갱의 입지가 확고해졌다.

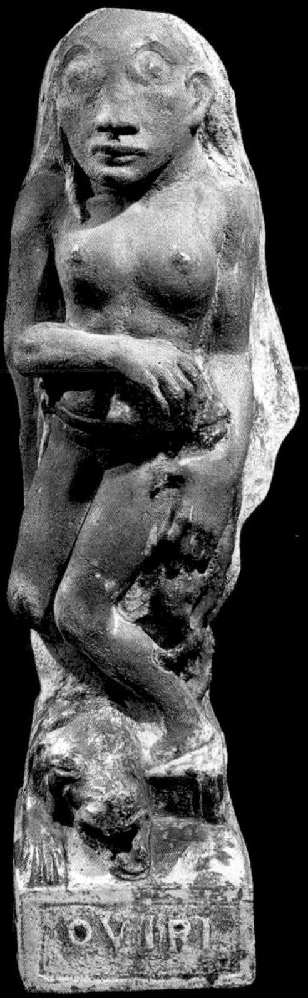

오비리
Oviri

폴 고갱, 1894

석기(Stoneware)
75 × 19 × 27 cm (29 1/2 × 7 1/2 10 5/8 in)
오르세 미술관, 파리

참고 문헌
Bretell, Richard, 편저. The Art of Paul Gauguin, Art Institute of Chicago / National Gallery of Art, 1988.
Hanson, Lawrence and Elisabeth. The Noble Savage: A Life of Paul Gauguin, Chatto and Windus, 1956.
Maurice Malingue, 편저., Henry J. Stenning, 번역. Paul Gauguin: Letters to his Wife and Friends, MFA Publications, 2003 (1949년에 OH World에서 처음 출판됨).
Shackelford, George, ed. Gauguin Tahiti, MFA Publications, 2004.
Thomson, Belinda, ed. Gauguin: Maker of Myth, Tate Publishing, 2010.

글
조지 로담 George Roddam
조지 로담은 영국과 미국의 여러 대학에서 미술사를 가르친다. 주로 유럽 모더니즘 연구에 몰두하고 관련 논문을 다수 발표했다. 영국 남동부 지방에서 아내와 두 아들과 함께 산다.

일러스트레이션
슬라와 하라시모비치 Stawa Harasymowicz
슬라와 하라시모비치는 런던에서 활동하는 폴란드인 화가다. 주요 작품 활동으로 그래픽 노블《지그문트 프로이트의 늑대인간(Sigmund Freud's Wolf Man)》을 출간한 후 런던 프로이트 박물관에서 개인전(2012)과 크라쿠프 민속박물관에서 개인전(2014)을 열었다.
아트재단 장학금(2008)과 빅토리아와 앨버트 박물관 일러스트레이션 상(2009)을 수상했다.

옮긴이
문희경
서강대학교 사학과를 졸업하고, 가톨릭대학교 대학원에서 심리학을 전공했다. 옮긴 책으로는《디스 이즈 달리》,《플로팅시티》,《박쥐》,《프로이트의 여동생》 등이 있다.